AF312620

ESSAI

SUR

LE DROIT PUBLIC

FRANÇAIS.

ESSAI

SUR

LE DROIT PUBLIC

FRANÇAIS.

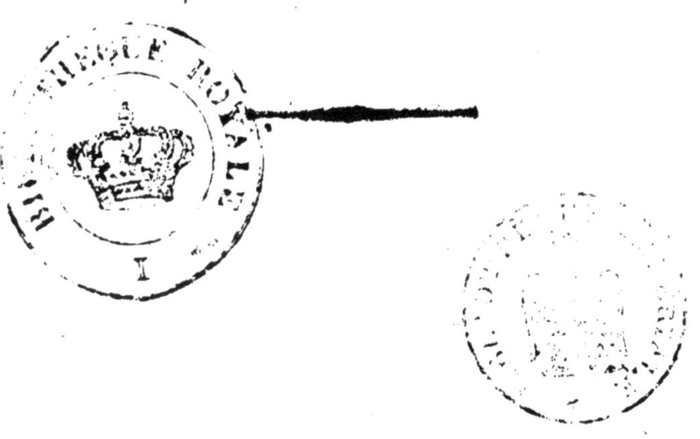

A LONDRES.

1789.

TABLE

DES CHAPITRES.

Fin de la Table.

E S S A I

CHAPITRE PRÉLIMINAIRE.

*Peut-on mettre en question s'il y a ou non,
une Constitution en France ?*

Il est triste de voir que par tous les
nouveaux Ecrits, même la plûpart des
Cahiers, on veuille mettre en question
de sçavoir s'il existe ou non, en France,
une Constitution ou forme de Gouver‑
nement ; et aujourd'hui la proposition
négative a tellement pris crédit, que l'on
propose ouvertement de donner à la
Nation une Constitution certaine et inva‑
riable, comme si elle eût été jusqu'ici
régie et admninistrée sans aucune base
ni principe de Gouvernement.

Quant à la question en elle-même,
elle est injurieuse à la Nation. Comment
en effet, est-il possible de concevoir qu'un

Empire qui subsiste avec éclat, depuis 1400 ans, malgré les révolutions qu'il a subies, n'ait été régi qu'au hazard et sans Loix comme sans principes ?

A l'égard des plans proposés pour donner à cet Empire une Constitution, quelques utiles et bien réfléchis qu'ils puissent être, ils sont eux-mêmes subordonnés à la question de sçavoir si l'Empire Français a toujours existé et existe encore sous le titre de Monarchie ; car, si l'Empire est monarchique, ces plans ne peuvent être proposés qu'au Monarque, et par voie de demandes. Si, au contraire, l'état du Gouvernement de France est incertain et non réglé, la Nation peut établir telle forme de Constitution qu'elle jugera la plus convenable au salut de tous. Or, il n'est personne qui puisse mettre en avant, et soutenir une pareille assertion, destructive du principe inné dans le cœur de tout Français, qu'il vit sous un Gouvernement monarchique.

Nous allons voir quels sont les attributs de la puissance souveraine, après que nous aurons établi que l'Etat Français est un Etat purement monarchique, sans mélange d'intermédiaires.

CHAPITRE II.

*Que l'État Français est purement monar-
chique.*

CE serait en vain qu'on prétendrait
trouver dans la Constitution Française,
un mélange de démocratie, d'aristocratie
et de royauté. Ce mélange seroit inju- *République de Bodin, liv. 2, pag. 192, &c.*
rieux à la Majesté du Monarque, puisque,
contre la propre signification même de
cet auguste nom, il tendrait à donner
au Souverain ou des supérieurs, ou des
égaux; et c'est pourquoi on ne trouve
nulle trace, ni de traité, ni de convention, ni de chartre par lesquels les
Français, en conférant la puissance publique, aient réservé entre leurs mains
une portion quelconque de cette même
puissance.

Et dans le fait, on ne peut induire
aucune idée de puissance démocratique,
même de l'Assemblée des Trois Etats *Idem. Ibid. pag. 198.*
du Royanme. Dans cette Assemblée, le
corps entier de la Nation fléchit le

Répub. de Bodin, *ibid.*

genou devant le Roi, et lui présente sa très-humble requête, et il dépend de la volonté du Roi, d'admettre ou de rejetter la demande de ses Sujets. Cette Assemblée de la Nation entière, qui supplie le Roi, qui rend à Sa Majesté les hommages les plus respectueux, ne présente donc point l'idée d'une puissance intermédiaire démocratique, qui puisse contrebalancer l'autorité souveraine du Monarque. Nous aurons par la suite, occasion d'exposer un peu plus en détail ce qui concerne les Etats-Généraux de France.

Id. ibid. page 193.

On ne peut pas dire non plus, qu'il y ait aucune puissance intermédiaire aristocratique, qui puisse concourir avec l'autorité du Souverain. Les Grands du Royaume, le Clergé et la Noblesse n'ont aucune puissance publique à eux attribuée par la Nation, dont ils sont seulement parties essentielles, pour, concurremment avec elle, voter dans les Assemblées nationales, demander et proposer ce qu'ils croient devoir être utile au bien de l'Etat. La Cour des Pairs elle-même, ni aucune autre Cour souveraine, ne sçauraient non plus repré-

senter le pouvoir intermédiaire aristocratique ; car , outre que ces Cours ne
tiennent leur pouvoir que du Roi lui-
même , toutes leurs adresses à S. M.
portent les témoignages du plus profond
respect et de l'obéissance la plus soumise.
Si donc la Cour des Pairs et les autres
Cours souveraines s'avouent continuel-
lement les très-humbles sujets du Roi ,
comment pourroit-on voir en elles un
pouvoir aristocratique intermédiaire, qui
rendrait ces corps égaux au Souverain?

Concluons donc avec Bodin, que
l'Etat Français est une Monarchie pure
et simple ; que telle est la Constitution
fondamentale de ce Royaume ; et que par
conséquent, le Roi doit jouir de la puissance souveraine, telle qu'elle appartient
au Monarque proprement dit : c'est ce
que nous allons exposer en examinant
quels sont les attributs principaux de la
souveraineté , ou quels sont les caractères du pouvoir dévolu au Monarque
des Français.

CHAPITRE III.

Des attributs et caractères de la Puissance souveraine.

§. Ier.

Que le Souverain n'a ni égal ni supérieur.

Puffendorf,
2e. volume,
pag. 290.

LE premier attribut de la souveraineté est que le Souverain n'ait ni égal ni supérieur ; et en effet, il implique contradiction que dans un même ordre de choses, il y ait quelqu'un au-dessus de celui qui tient le plus haut rang. Il n'est pas moins inconciliable que le Souverain ait un égal, parce que celui qui lui sera égal, aura autant de droit que lui pour commander. Si donc le Souverain veut commander, et que son égal commande au contraire, le Souverain ne sera point obéi.

§. II.

*Que le Souverain doit seul exercer la
Puissance publique.*

Il est donc nécessaire que le Souverain Bodin, liv.
commande seul , et c'est le second attri- 2 , p. 198,
but de la souveraineté dans un Etat monarchique.

En effet la Monarchie est une sorte
d'Etat , dans lequel la souveraineté réside
dans un seul. Le mot *Monarque* emporte
avec lui cette signification ; de manière
que , si on en admet deux ou plusieurs ,
aucun d'eux n'est Souverain. Car le
Monarque est celui qui ne peut être
commandé par personne , et qui peut
commander à tous. On ne peut pas même
supposer dans cette sorte d'Etat , deux
personnes égales en puissance , dont l'une
par conséquent ne puisse commander
à l'autre , ni souffrir d'être commandée
par elle. Si donc deux Princes sont
égaux en pouvoir , étant Princes du même
Etat , ils possèdent le commandement
par indivis , sans que ni l'un ni l'autre
puisse en réclamer la propriété exclusive.

A iv

Un tel Etat seroit une Oligarchie , et pas un Etat monarchique.

§. III.

Pouvoir législatif.

Le troisième attribut de la souveraineté est le pouvoir législatif, c'est-à-dire, le pouvoir de faire des Loix sans le consentement de plus grand que lui, ou d'un égal, ou de personnes d'un rang inférieur.

Rien de plus conforme que ce pouvoir du Souverain à la nature et à l'objet de toute société. En effet l'Etat est, suivant Puffendorf, un corps moral que l'on conçoit n'avoir qu'une volonté, en ce que chaque citoyen, par le serment qu'a prêté la Nation à son Souverain, a soumis sa volonté, pour ce qui concerne l'avantage de la société commune, à une seule personne. Or, il est impossible que le Souverain puisse prescrire à chacun en particulier , et dans chaque occasion, ce qu'il doit faire en son particulier , pour l'avantage commun.

Le Souverain est donc obligé de pres-

Puffendorf, liv, 7, chap. 5, §. 2, p. 258.

(9)

crire des règles générales et perpétuelles, que l'on nomme *Loix* , par le moyen desquelles l'universalité des citoyens sache ce que chacun doit faire ou ne pas faire pour l'intérêt de la société. Et puisqu'il appartient au Souverain, comme chef de la société sur laquelle il règne, de veiller au bien de tous ceux qui la composent, et d'entretenir entr'eux une parfaite harmonie, il est indispensable qu'il ait, en vertu de sa souveraineté, la puissance législative, pour dicter à ses sujets les Loix qu'il estime leur être avantageuses.

Le Souverain a le droit de faire des loix, sans le consentement de qui que ce soit. En effet, s'il ne peut faire de loi que du consentement d'un plus grand que soi, il est vrai sujet de celui dont il est obligé de prendre le consentement. S'il lui faut le consentement d'un égal, il ne peut se dire Souverain, puisqu'il ne pourra se faire obéir de celui qui, à titre d'égal, lui aura refusé son consentement. S'il doit prendre le consentement de ses sujets, soit d'un corps de sénateurs, ou du peuple assemblé en états, il ne sera pas encore

Bodin, liv. premier, p. 161, 162.

Souverain, parce que, à défaut de ce consentement, il ne sera point obéi. Or, un Monarque n'est Souverain, qu'autant qu'il a le droit de commander à tous et d'en être obéi. Donc, le Monarque seul a le pouvoir d'établir des loix, sans le consentement de qui que ce soit.

On peut ici faire une objection. Non-seulement les Magistrats ont le pouvoir de faire des Ordonnances, chacun selon sa puissance et son ressort ; mais il est vrai de plus que les particuliers ont établi les coutumes, tant générales que particulières ; or, il est certain que la coutume n'a pas moins de force que la loi ; donc, le Souverain n'est pas le seul qui ait pouvoir de faire des loix.

La réponse au premier chef de l'objection est facile. Les Magistrats dans un état monarchique, ne rendent des Ordonnances, qu'en vertu, et suivant la mesure du pouvoir que le Souverain veut bien leur confier. C'est ce que nous verrons plus particulièrement dans un moment ; ainsi ces Ordonnances émanent véritablement de l'autorité du Souverain ; ce qui est si vrai que les Ordonnances

des Magistrats qui se trouveraient contraires aux loix émanées du Souverain ,
ne peuvent subsister et seraient dans
le cas d'être réformées.

A l'égard du second chef de l'objection tiré des coutumes établies par les
particuliers, sans remonter actuellement
à l'origine des coutumes , ni détailler
comment les premiers Rois de France
voulurent bien, après leurs conquêtes,
laisser aux vaincus l'usage libre de leurs
loix et de leurs coutumes ; on peut
dire , avec vérité , qu'il n'y a nulle
comparaison à faire entre les coutumes
et les loix du Souverain. 1°. La coutume
ne prend force que peu-à-peu , au lieu
que la loi prend sa force en un moment , et dès l'instant où il plaît au
Souverain de l'établir. 2°. La coutume
ne peut s'établir que par un consentement unanime , et long-temps continué ,
des citoyens qui doivent et veulent en
user ; au lieu que la loi commande
avec empire, et souvent contre le gré
des Sujets. 3°. La loi peut réformer
et annuller les coutumes : la coutume
au contraire ne peut expressément déroger à la loi , et si quelques loix sont

tombées en désuétude, ce n'est pas la coutume qui les a abolies ; mais la volonté tacite du Souverain qui n'en a pas exigé l'exécution, à raison d'inutilité ou autres causes importantes. 4°. Enfin, la coutume existe par pure souffrance, et tant qu'il plaît au Souverain de la laisser subsister ; et dans tous les cas, soit pour établir une coutume nouvelle, soit pour réformer une ancienne, c'est toujours l'autorité du Souverain qui lui donne la sanction de loi, après que le Souverain a pris, par les Commissaires par lui députés, l'avis et consultation des gens des trois états du pays ou de la province qui a demandé ou la réformation de son ancienne coutume, ou l'établissement d'une nouvelle.

On ne peut donc, en aucune façon, conclure que ni les Magistrats, ni le peuple puissent faire des loix. Le Souverain a seul le pouvoir législatif sur ses sujets.

[13]

§. IV.

Puissance coactive.

M A I S ce pouvoir ne seroit qu'idéal,
s'il ne renfermait en lui-même la puissance coactive, c'est-à-dire, le pouvoir
nécessaire pour se faire obéir, et c'est
le cinquième attribut de la Souveraineté,
que le droit inhérent au Souverain de
punir les refractaires aux loix émanées
de son autorité.

En effet, ce ne sera jamais la réunion
d'une multitude de personnes en un
corps d'Etat qui procurera à cet Etat
une force capable de mettre chacun des
membres de cette société en sûreté et
hors d'atteinte de tous troubles de la
part des autres membres de cette même
société. Ce ne serait pas même la pro-
messe verbale ou écrite, que pourrait
avoir faite chaque particulier de contribuer de tout son pouvoir au bien commun, et de n'y porter aucun préjudice,
qui pourrait suffisamment répondre, et à
l'Etat de son avantage public, et à chaque

membre de sa tranquillité particulière ; car l'expérience ne prouve que trop que la sainteté de la foi donnée , et les lumières de la droite raison n'ont pas toutes seules assez de force pour surmonter la nature des hommes et les tenir dans leur devoir.

Il n'y aurait donc aucun moyen humain pour porter efficacemeut les citoyens à exécuter les loix qui leur sont imposées pour le bien de l'Etat , si le Souverain ne les menaçait de quelques peines , et s'il n'avait en main le pouvoir de les leur infliger. Le glaive que porte le Souverain est le symbole de ce pouvoir, et ce n'est pas en vain qu'il le porte. Il est donc nécessaire que le Souverain , outre le pouvoir de faire des loix, ait encore le pouvoir coactif pour les faire exécuter par tous ses sujets , et par chacun en particulier sans aucune exception.

§. V.

Droit de faire la paix & la guerre.

Puffendorf, liv. 7 , ch. 4, pag. 260. L E cinquième attribut de la souveraineté , est le droit de faire la paix et la guerre ; car , comme dit Puffendorf, en vain les citoyens vivraient-ils entr'eux dans une parfaite sécurité , s'ils ne pouvaient pas se défendre contre les insultes des étrangers. Il faut donc que l'Etat puisse réunir ses forces pour la défense commune. En effet , sans cette réunion, mille hommes ne seraient pas plus forts qu'un seul ;. mais , s'il dépend de chaque particulier d'examiner s'il doit ou non prendre les armes , l'Etat manquera de secours par cette indétermination ; et il pourra , au contraire, arriver que la fantaisie ou l'intérêt personnel de plusieurs. arme grand nombre de citoyens contre l'intérêt de l'Etat. Il faut donc qu'il y ait dans l'Etat un pouvoir qui rassemble et arme les citoyens, et qui procure , par-là, la défense commune de toute la société.

D'ailleurs , comme nous venons de le dire , ce droit d'assembler les forces de l'Etat , ne peut appartenir à aucun particulier, parce qu'il serait très-dangereux pour l'Etat, que le pouvoir de s'assembler dépendît du libre arbitre de chaque citoyen. Ce pouvoir doit donc appartenir à un seul, c'est-à-dire, à celui qui, comme le chef de l'Etat, est chargé de veiller à sa conservation, et de décider s'il est nécessaire ou avantageux pour l'Etat que ses sujets prennent les armes : c'est donc un attribut essentiel de la Souveraineté que le droit de faire la paix et la guerre.

§. V I.

Du droit de faire contribuer les citoyens aux dépenses de l'état.

INUTILEMENT le Souverain aurait-il le droit de déclarer la guerre aux ennemis de l'Etat, si les sujets étant en armes et assemblés en corps d'armée, il n'avait encore le pouvoir de faire contribuer chacun des membres de l'Etat à lui fournir les fonds nécessaires pour soutenir les grandes dépenses qu'occasionne la guerre.

C'est aussi de ce droit de faire la guerre, que dérive, du moins en partie, le droit de mettre des impôts, qui est le sixième attribut de la souveraineté.

Je dis que cet attribut de la souveraineté

neté ne dérive qu'en partie du droit inhérent au Souverain de défendre l'Etat, en faisant la guerre à ses ennemis; car le pouvoir de mettre des impôts, dérive encore d'autres sources.

En effet, puisque les affaires générales de l'Etat demandent nécessairement des frais considérables, soit en temps de paix, soit en temps de guerre, il faut, continue Puffendorf, un pouvoir en vertu duquel le Souverain se réserve une partie des biens ou des revenus des citoyens ou du moins, oblige les sujets, autant qu'il lui paraît nécessaire, de fournir aux dépenses publiques; il est donc vrai que, soit en paix, soit en guerre, le Souverain a le droit d'exiger de chacun des sujets de son Etat, une portion contributoire, suffisante pour l'entretien et la conservation de la société commune.

Puffendorf, liv. 7, ch. 4, pag. 261.

Ce droit de mettre des impôts dérive encore du pouvoir législatif du Souverain, en vertu duquel il appartient à lui seul de régler par des loix, l'usage que chacun doit faire de ses biens, relativement à la conservation et à l'avantage de l'Etat, d'où il résulte que le

Idem, liv. 8, ch. 6, pag. 443.

B

Souverain peut prescrire à chaque particulier d'employer une telle partie de
ses biens ou de ses revenus, à l'entretien de la chose publique ; et c'est en
vertu de ce droit et du pouvoir coactif
qui en est inséparable, que le Souverain
peut contraindre chacun de ses sujets
à payer sa quote-part des impositions
publiques.

§. VII.

Pouvoir judiciaire.

LE septième attribut de la souveraineté,
est le droit qui appartient au Souverain
de juger ses sujets. Ce droit dérive du
pouvoir législatif ; car, comme c'est au
Souverain à établir les loix générales
qui doivent régir la société, c'est à lui
qu'il appartient aussi de les interprêter
et d'en déterminer l'application aux cas
particuliers.

Il appartient donc au Souverain de
décider si telle ou telle action de chaque
particulier est conforme ou contraire
à la loi qu'il a prescrite, et parconsé-

Puffendorf,
liv. 7, ch. 4,
pag 260.

quent de régler les actions civiles de ses sujets : si en effet il existait un pouvoir confié à un autre que lui, en vertu duquel celui qui en serait revêtu pût régler, interprêter les loix et les appliquer ou en dispenser en certains cas, le Monarque ne serait pas Souverain, et aurait en vain la puissance législative, puisqu'il n'aurait point le pouvoir exécutif.

Tel est donc cet attribut de la souveraineté que l'on nomme le pouvoir judiciaire, qui consiste à connaître des différends entre les citoyens, et à leur administrer la justice, suivant les loix établies pour la société, et à punir, conformément à ces loix, ceux qui se trouvent coupables de les avoir violées.

§. VIII.

Pouvoir de se faire représenter dans les diverses parties d'administration.

Comme il est physiquement impossible que les affaires publiques et les causes de chaque particulier puissent être gou-

Puffendorf, liv. 7, ch. 4, p. 260, 261.

vernées et expédiées par une seule personne, il est de toute nécessité que le
Souverain sur qui roule une fonction
si pénible, ait le droit de se faire aider,
et de choisir des personnes à qui il
puisse confier différentes parties de l'administration générale, et qu'il ne puisse,
en aucune manière, être gêné dans ce
choix.

C'est ce qui fait le huitième attribut
de la souveraineté qui consiste à choisir
et à établir des Ministres, Magistrats
ou autres délégués qui puissent, à la
décharge du Souverain, veiller et pourvoir à la sûreté de l'Etat et à la tranquillité particulière de chacun des citoyens.

§. I X.

Divers autres attributs de la Souveraineté.

Nous n'énoncerons pas en détail ce
qui concerne les autres attributs de la
souveraineté, comme celui de faire battre
monnoie, celui d'examiner les doctrines
qui s'enseignent dans l'Etat, de les ap-
prouver ou rejetter, et plusieurs autres

effets du pouvoir Souverain, qui, pour la plûpart, ne sont que des suites ou corollaires des attributs ou caractères principaux de la souveraineté que nous venons d'exposer. La discussion de ces autres attributs serait l'objet d'un traité particulier, comprenant les droits domaniaux, et celui de grande police, matières par elles-mêmes aussi étendues qu'elles sont importantes ; mais qui n'entrent point dans notre plan, dont le but principal est de faire voir quel est, dans une Monarchie, le pouvoir du Souverain sur le fait de la législation.

CHAPITRE IV.

De la réunion de tous les attributs de la souveraineté dans la personne du Monarque, et de leur indivisibilité.

Examinons à présent avec Puffendorf comment tous ces attributs de la souveraineté sont tellement adhérens à la personne du Monarque, qu'ils sont un seul et même tout indissoluble.

Il est facile de voir qu'il y a une liaison si intime entre toutes les parties de la souveraineté qu'aucune ne saurait être séparée des autres, sans qu'il n'en résultât un corps d'Etat irrégulier, dans lequel l'union, entre ses membres, ne peut être assurée.

En effet, supposons que dans un état l'un ait le pouvoir législatif, et l'autre le pouvoir coactif ou exécutif, celui qui n'aura que le pouvoir législatif, n'aura qu'un pouvoir inutile et inefficace, parce qu'en vain dictera-t-il des loix, s'il ne peut les faire exécuter. Or, rien ne ressemble moins au pouvoir souverain, que d'avoir le droit de déclarer ce que l'on veut que fassent les autres, sans avoir en main la puissance nécessaire pour les y contraindre. De même celui qui, dans une pareille hypothèse, serait revêtu du seul pouvoir exécutif ou coactif, ne serait pas non plus Souverain ; il aurait bien la liberté de faire exécuter ou non à son gré les volontés de l'autre ; mais il ne pourrait ordonner l'exécution que des volontés d'autrui.

Dans la même hypothèse, celui qui jouirait du pouvoir de mettre des impôts, en jouirait inutilement ; tout son droit se réduirait à faire connaître à celui qui serait revêtu du pouvoir coactif qu'il pense utile pour l'État de faire la guerre et de lever des impôts pour la soutenir ; mais il n'aurait pas la faculté effective de procurer le bien de l'Etat, faute de pouvoir faire exécuter les ordres qu'il croirait nécessaire de donner pour sa défense.

Enfin, en vain le Souverain qui ne serait revêtu que du pouvoir législatif, aurait-il le droit d'établir des Ministres, Magistrats ou Officiers, s'il ne pouvait pas les rendre responsables envers lui, et s'il ne pouvait les obliger à remplir les fonctions de leurs offices, chacun selon leur district, et conformément aux Loix et à l'avantage de l'Etat. Il en est de même du pouvoir judiciaire qui serait nul dans la main d'un Souverain qui serait obligé de recourir au pouvoir exécutif indépendant de son autorité, pour contraindre les citoyens de se conformer aux Loix.

Il en est de même des autres attributs

ou caractères de la souveraineté. On ne peut regarder comme Souverain celui qui ne les posséderait pas tous sans division, ni partage, ni concurrents quelconques.

Concluons de cette liaison intime et indissoluble des différents attributs de la souveraineté, que l'Etat n'étant qu'un corps, il faut un seul et même esprit pour le gouverner, et que de même que les différentes facultés de l'homme ne peuvent séparément former un être humain et produire des actions humaines, de même toutes les fois qu'on voudra séparer les parties de la souveraineté, il en résultera un corps monstrueux et irrégulier, dont les membres ne seront unis par aucun lien certain, et dont les chefs ne pourront prendre aucune détermination fixe pour faire agir ce corps, chacun de ces chefs ayant une puissance suffisante pour empêcher l'effet des ordres qu'il aura plu aux autres de donner.

Puffendorf, livre 7, ch. 4, §. 13, pag. 266.
Asinius-Gallus facit annalles, Liv. 1, ch. 22.

CHAPITRE V.

*Que le souverain pouvoir est incessible
et incommunicable.*

Sɪ la souveraineté est indivisible, par
les mêmes raisons, elle est incessible,
inaliénable et incommunicable. En effet,
comme dit Bodin, s'il arrive que le
Prince souverain communique la souveraineté à son sujet, il fera de son servi-
teur, son compagnon, et dès là même
il ne sera plus Souverain ; car, qui dit
Souverain, dit celui qui est au-dessus
de tous ; donc le nom ni le caractère
du Souverain ne conviendront plus à
celui qui aura fait de son sujet, son égal ;
ainsi, de même que Dieu ne peut faire
un Dieu pareil à lui-même, parce que
cela répugne à l'essence de la divinité ;
de même aussi le Prince souverain, qui
est l'image de Dieu sur la terre, ne
peut faire un sujet égal à lui, sans que sa
puissance ne soit anéantie.

De ce que dans quelques Etats il y a

Bodin ;
liv. premier,
pag. 157 et
172.

Puffendorf,
liv. 7, chap.
4, pag. 266.

un Sénat qui a le droit de juger et de condamner souverainement, il n'en faut pas conclure que la souveraineté soit divisée entre le Prince et l'Etat, ni même qu'elle soit communiquée à ce Sénat comme une chose qui lui appartienne en propriété ; il faut voir dans ce cas, à qui appartient le droit de faire grace ; car, si le Sénat n'a que le droit de juger et de condamner, et que le Prince ait le droit de faire grace, de sa propre autorité, à ceux que le Sénat a condamnés, le Sénat n'est que Juge délégué du Prince, il lui est inférieur ; et ses jugements n'ont de force, qu'autant que le Prince leur en communique. Ainsi, soit que ce soit un Sénat ou un Conseil qui juge en dernier ressort, si le Prince a le pouvoir de faire grace, ce Conseil ou ce Sénat tient véritablement son pouvoir du Souverain entre les mains de qui il réside en entier.

CHAPITRE VI.

*Que l'autorité souveraine est par elle-même
essentiellement illimitée.*

LE pouvoir souverain appartient natu-
rellement au peuple libre, ou autrement,
à l'assemblage d'une multitude de personnes libres qui se réunissent en un
corps d'Etat.

Or, il est au choix de cette Société
d'aliéner ce pouvoir à une personne ou
à cette personne et à ses descendants,
de manière qu'il devienne entre leurs
mains, tant qu'ils en jouissent, une
propriété et un domaine non sujet à
éviction.

Cette Société peut encore conférer
le pouvoir souverain, à condition que
celui qui en est revêtu, exécutera telles
ou telles clauses irritantes, faute de
l'observation desquelles il sera déchu de
ce pouvoir. C'était la forme ancienne du
serment des Rois d'Arragon; ce n'est
pas là, de la part du peuple, une con-

cession du pouvoir souverain , mais une concession de l'exercice de ce pouvoir limité à telles ou telles conditions. En effet , le peuple , propriétaire de la puissance souveraine , lors de l'origine de la Société par lui formée , peut ne confier que l'exercice et l'administration du souverain pouvoir, sous telles réserves qu'il juge à propos , et il peut confier cette administration, soit à une personne , soit à plusieurs , soit pour un temps , soit pour un espace limité. Celui qui alors est revêtu du souverain pouvoir n'est pas souverain , il n'est que le premier Magistrat de la République ; la plénitude de la puissance demeurant entre les mains du Peuple.

Puffendorf, ch. 6 du liv. I , §. 7. P. 297.

Mais en quelque main que réside le souverain pouvoir , il est illimité et absolu entre les mains de celui qui en est propriétaire. Ce mot d'absolu, suivant Puffendorf, dans sa signification propre, n'emporte point l'idée odieuse d'une licence sans bornes. Comme , en effet , dans l'état de nature, la liberté souveraine et absolue de chacun , consiste à gouverner sa propre chose sans consulter personne , et à règler ses actions suivant qu'il le juge à propos, selon la saine raison, et sans pouvoir enfreindre les Loix naturelles ; de même, lorsque plusieurs se sont joints ensemble pour un état parfait, il faut nécessairement que ce corps conserve la même liberté parfaite pour régler ce qui concerne le bien commun : or, cette liberté n'est autre chose que le pouvoir souverain résidant dans le corps, ou le droit de prescrire souverainement à chacun des citoyens, ce qu'il doit faire pour le bien commun, et de pouvoir les contraindre à obéir. Telle est donc l'essence du pouvoir souverain, de n'avoir de limites que celles que prescrit le droit naturel ; car il implique contradiction de dire que l'on est indépendant, et néanmoins qu'on n'a pas le droit de gouverner à son gré, ses propres affaires.

C'est aussi ce qui résulte d'une multitude d'axiomes constatés par l'antiquité. Le souverain pouvoir, suivant Plutarque, consiste non-seulement à faire exécuter les Loix, mais encore à les réformer. Suivant Hérodote, il consiste en ce que celui qui en est propriétaire, peut en user comme il lui plaît, sans rendre

Grotius, liv. 2, ch. 3, §. 8. N°. 9. et 10.

compte à qui que ce soit. Suivant Dion, il consiste en une entière et parfaite liberté de faire ce qu'il veut , et de ne pas faire ce qu'il ne veut pas , sans que sa volonté puisse être contrainte.

Cette parfaite liberté inhérente dans le peuple , qui demeure propriétaire du pouvoir souverain , est telle qu'il reste toujours maître de révoquer les Loix par lesquelles il aura étendu ou restreint l'exercice du même pouvoir.

Puffendorf, liv. 7 , ch. 6. §. 8.

Puffendorf va même jusqu'à conclure que , quand même le peuple, propriétaire du pouvoir souverain , aurait sanctionné sous la religion du serment , une Loi quelconque touchant l'exercice de ce pouvoir , il pourrait néanmoins toujours la révoquer ; et , en effet , quant à ceux même de la génération qui auraient prêté ce serment , s'ils violent leur serment , ils sont à la vérité , prévaricateurs ; mais puisque le peuple est demeuré propriétaire de la souveraineté , il n'a d'autre supérieur que Dieu , et c'est à lui seul qu'il est responsable de son engagement.

l'Ibid. liv. 4 , ch. 2 , §. 7.

A l'égard des descendants de cette génération , puisqu'ils continuent de former la même Société propriétaire du

pouvoir souverain, ils ne peuvent être
tenus du serment de leurs prédécesseurs,
que dans le cas où il ne sera pas préjudiciable à leur Société ; or , il appar-
tiendra à l'Assemblée souveraine de tous
les citoyens, de juger si ce que leurs
ancêtres ont promis avec serment est ,
ou non , nuisible à la Société actuelle.

Il est donc certain que si l'exercice du
pouvoir souverain peut être modifié et
limité , le pouvoir souverain en lui-même
n'est susceptible ni de limitation ni de
modification.

CHAPITRE VII.

*La Concession faite sans réserve par le
Peuple, de sa Puissance souveraine ,
transfère à celui qui la reçoit , l'entière
propriété et l'exercice illimité.*

Lorsque le Peuple , actuellement propriétaire de la souveraineté, juge à propos
de s'en désaisir et de transporter la puissance publique et le droit qu'il a de se
gouverner dans toute sa plénitude, à

celui qu'il établit son chef, il ne peut alors imposer aucune Loi à ce chef, et il est de toute nécessité qu'il lui remette le pouvoir réel et effectif de gouverner, suivant ce qu'il jugera de plus convenable; car il est impossible de dire que le peuple ait transporté tout son pouvoir au Souverain, et que néanmoins ce pouvoir se trouve restreint et limité. En effet, tant que le peuple a conservé entre ses mains, le pouvoir souverain, il a toujours été le maître absolu d'agir et d'ordonner suivant son plus grand avantage, autrement il n'aurait pas été libre, et encore moins souverain. Donc, lorsque le peuple donne et transporte en entier, son pouvoir souverain, celui à qui il en fait donation, succédant dans la plénitude des droits et pouvoirs du peuple, reçoit en même temps la faculté de régir et administrer cette Société avec une pleine et entière liberté, selon ce qu'il jugera le plus convenable pour le bien de cet Etat; et par conséquent, le pouvoir souverain dans la main de celui à qui le peuple a remis l'universalité de sa puissance souveraine, y réside sans limitation ni modification.

En

En effet, le peuple, en conférant la plénitude du pouvoir souverain à celui qu'il a établi son chef, et non pas seulement l'exercice de ce pouvoir, n'a pas même pu limiter la puissance souveraine en elle-même ; car il a transféré cette puissance, telle qu'il en jouissait lui-même, c'est-à-dire, restreinte aux seules Loix naturelles ; c'est pourquoi, quoique le souverain propriétaire de la puissance publique, en vertu de la concession que le peuple lui a faite, puisse gouverner, régir et administrer l'État suivant son bon plaisir, il ne peut pas plus enfreindre les Loix naturelles que ne le pouvait le peuple, lorsqu'il jouissait du pouvoir souverain. De pareilles démarches seraient, de la part de ce souverain, des actes tendant à subvertir son État et à dissoudre le lien de la Société qui s'est formée sous ses auspices. De tels actes, en lui enlevant ses sujets, ne lui laisseraient que le vain titre de Souverain.

De ce que nous venons de dire, il résulte :

1°. Que lorsqu'un peuple a aliéné son pouvoir souverain à un chef, sans aucune réserve, c'est-à-dire, sans prétendre conserver le droit d'examiner si le Prince qu'il a établi pour le gouverner, se conforme ou non, aux Loix antérieures établies par l'Assemblée du peuple, il a consenti que ce Prince serait dorénavant seul Juge, comme l'était le peuple lui-même avant l'aliénation, de l'utilité ou désavantage des Loix existantes à l'époque de la concession.

2°. Que lorsque le peuple a transmis son pouvoir souverain dans toute sa plénitude, le chef à qui il l'a concédé, a acquis un droit éminent sur tous et chacun de ceux qui composent ce peuple, en vertu duquel il peut les forcer de le faire jouir du droit qui lui a été concédé, d'une manière qui soit à l'abri de tout trouble.

3°. Que ni ceux qui composent actuellement le peuple qui s'est dépouillé de son pouvoir souverain en faveur d'un chef, ni ceux qui viendront par la suite, ne peuvent plus réclamer contre l'aliénation de ce pouvoir.

En effet, quant à ceux qui composent actuellement le peuple cessionnaire, ils ne peuvent révoquer cette donation, parce qu'il répugne que ce qui a été

donné librement, soit sujet à révocation.
Ce serait aller contre le droit naturel,
qui assure la stabilité durable à la possession d'un acquéreur de bonne foi.
D'ailleurs, le serment que l'Assemblée
du peuple a prêté au Souverain qu'il a
établi, est exécutoire contre ceux qui
l'ont prêté. Dieu même a été témoin de
la convention, et si le Souverain est
souverain par la grace de Dieu, c'est
que le pouvoir souverain qui appartenait
au peuple avant la cession, a été comme
mis, par le peuple, entre les mains de
la divinité, pour passer entre les mains
de celui qu'il a établi chef et Prince de
la Nation.

Le peuple est donc responsable envers Dieu même, de l'exécution de la
convention ; et par conséquent, si au
préjudice de cette convention, le peuple
voulait reprendre la puissance souveraine, ce serait de sa part, non pas un
acte conservatoire de la Société politique, mais une véritable révolte : et
le Prince qui aurait acquis le droit de
commander , emploirait légitimement
tous les moyens humains pour parvenir
à jouir du droit à lui aliéné.

Quant à ceux qui, par la suite, succéderont au peuple qui a cédé l'universalité de son pouvoir souverain, ils ne pourront pas non plus réclamer contre l'aliénation faite par leurs prédécesseurs; il est bien vrai qu'ils n'ont pas prêté le serment personnellement, mais ils l'ont prêté en la personne de leurs auteurs, et ils n'ont en effet rien à revendiquer; car leurs prédécesseurs ne leur ont transmis ni pu transmettre que les droits qu'ils avaient eux-mêmes, et non pas ceux dont ils s'étaient dépouillés volontairement. Ceux-ci ayant donc aliéné le pouvoir souverain dont ils jouissaient, leurs successeurs ne peuvent plus prétendre en jouir.

CHAPITRE VIII.

Le Pouvoir Souverain concédé dans son universalité, à un Prince et à ses Enfants, passe du Prince à ses Successeurs, avec les mêmesprérogatives.

Le peuple propriétaire du pouvoir souverain, peut en user comme il lui plaît, et comme de sa chose propre , et en faire telle concession ou donation qu'il juge à propos pour son bien et son avantage, parce que la liberté naturelle, qui est le titre de la souveraineté, est une véritable propriété , qui , comme toutes les autres propriétés, est susceptible de cession , de transport ou de donation , soit à vie, soit même à perpétuité , ou à un Prince et à ses descendants seulement. Le peuple Romain aliéna son pouvoir souverain aux Empereurs , à perpétuité. Le peuple Français a aliéné sa puissance souveraine aux Rois de la race régnante et à leurs enfants mâles.

Le Prince en faveur de qui le peuple a aliéné son pouvoir souverain , tant à lui qu'à sa postérité , est véritablement propriétaire de la souveraineté ; mais comme la souveraineté est par elle-même, non susceptible d'être altérée ni modifiée , il doit la transmettre à ses descendants dans toute son intégrité , et telle qu'il l'a lui-même reçue du peuple. Il peut encore moins la concéder à un étranger ; mais il n'en est pas moins propriétaire , ainsi que ses descendants.

C iij

Seulement la souveraineté est entre leurs mains , une propriété grevée d'une substitution perpétuelle , laquelle s'éteignant faute d'hoirs habiles à succéder , retourne entre les mains du peuple qui l'a originairement concédée. Or , comme il est permis dans le droit de restreindre les propriétés , lorsqu'elles proviennent de pure libéralité et concession libre et gratuite , il n'est pas étonnant que la souveraineté , qui elle - même est une propriété , quoique d'un genre supérieur à toute autre , soit sujette à restriction , du moins quant à la faculté de l'aliéner. Mais cette restriction même n'est que dans l'aliénation , et non pas dans l'essence du pouvoir souverain , qui n'est par là ni modifié ni limité. Et en effet, celui à qui elle est conférée , même dans cette hypothèse , en jouit propriétairement. Il la possède seul , à toujours , sans rendre aucun compte, et avec le pouvoir transmissif à ses descendants ; or , ce droit transmissif est la véritable marque de propriété ; car on ne peut transmettre à ses successeurs que les droits propres et personnels que l'on peut avoir , et non pas ceux d'un tiers ;

Donc, même dans ce cas, la souveraineté a été conférée au Prince et à ses successeurs, pour en jouir comme d'un bien propre qu'il peut régir et administrer, suivant qu'il le juge à propos. Et s'il ne peut la transmettre à d'autres qu'à ses descendants, c'est une condition de la donation, mais qui n'altère en rien la propriété.

CHAPITRE IX.

Des Magistrats dans un Etat Monarchique.

Section première.

Ce que c'est que Magistrat.

Les Magistrats sont des Officiers publics qui ont charges ordinaires, créés par Loi perpétuelle de l'Etat, avec pouvoir de juger et de commander, suivant ce que la Loi leur a départi de puissance et d'autorité. Le pouvoir de juger et de commander distingue le Magistrat des

Bodin, liv. 3, chap. 2, pag. 273.

C iv

autres Officiers publics dont la fonction n'est point de juger ou de commander; car il y a des Officiers publics qui ne sont établis que pour exécuter les mandements de Justice ; d'autres dont les fonctions ne sont ni de commander ni d'exécuter , mais de remplir telle ou telle vacation pour le service de l'Etat, comme de recevoir ou payer , de mesurer, peser, arpenter, et nombre d'autres.

Or , comme c'est au Souverain à marquer en général la manière dont ses divers sujets doivent servir diversement l'Etat, c'est aussi au Souverain à règler les différentes fonctions qu'il juge utiles à son Etat , et à charger spécialement tel ou tel particulier des unes et des autres de ces fonctions. Le Souverain , par des Loix publiques et perpétuelles de l'établissement des charges ou offices, règle ces différentes fonctions, et par les provisions qu'il accorde , il en confie l'exercice à celui qu'il a daigné choisir.

(41)

§. I I.

Différence entre les Magistrats et les Officiers par commission, ou Commissaires.

Les Magistrats ont charge ordinaire, en quoi ils diffèrent des Commissaires, qui sont aussi des personnes publiques, mais qui ont charge extraordinaire, établie en vertu d'une simple Commission pour un temps fixe et déterminé, et non en vertu d'une Loi perpétuelle.

Le Magistrat a donc son existence, comme Magistrat, en vertu de deux titres ; le premier est la Loi perpétuelle qui a créé son Office, et qui ne peut être révoquée et anéantie que par une autre Loi publique et perpétuelle. L'autre titre est la Loi particulière ou les Lettres de provisions, par lesquelles le Souverain l'investit de cet Office, pour, par lui, exercer la charge ou office, conformément à la Loi perpétuelle de son établissement, d'où il suit que le Magistrat ne peut être destitué que de deux manières, ou par une Loi publique et perpétuelle qui supprime son Office, ou lorsque par un jugement juridique, il a été jugé indigne et incapable d'en continuer l'exercice, auquel cas les Provisions à lui ci-devant accordées par le Roi, ne peuvent plus avoir d'effet.

Le Commissaire au contraire, n'a d'existence que tant qu'il plaît au Souverain qui l'a commis, de le maintenir en sa Commission. Ainsi, cessant la cause ou l'objet de la Commission, ou la volonté du Souverain de la continuer, ou la Loi particulière qui l'a établie, la Commission cesse, et le Commissaire redevient simple citoyen.

. I I I.

Distinction des ressorts et pouvoirs départis aux Magistrats.

Les Loix du Souverain départissent aux Magistrats la puissance de juger et de commander avec plus ou moins d'étendue. Les uns sont par lui appellés à décider des affaires majeures et importantes, à le conseiller sur l'utilité ou désavantage des divers Règlements qui intéressent l'Etat , à maintenir l'ordre et la Police générale parmi les citoyens , par des Règlements conformes aux Loix de l'Etat, ou même en statuant provisoirement dans les cas qui ne seraient pas prévus par la Loi , par des Arrêts qui ont force de Loi , jusqu'à ce que le Souverain en ordonne autrement par une Loi publique et expresse. Enfin , ils rendent , au nom du Souverain, la Justice tant au civil qu'au criminel , sans appel et en dernier ressort.

Ces Magistrats sont appellés Magistrats supérieurs , et ne sont comptables de l'exercice de leur pouvoir qu'au Souverain qui le leur a confié, ou plutôt , à la Loi par laquelle et selon laquelle le Souverain leur a confié ce même pouvoir, à la différence des Magistrats inférieurs dont les fonctions sont de rendre la Justice aux sujets du Roi , en première instance, et sauf l'appel de leurs Jugements, Sentences, ou Ordonnances qui peuvent être réformées par les Magistrats supérieurs auxquels ils sont comptables de leur bonne ou mauvaise conduite dans l'exercice de leurs fonctions.

§. I V.

Des Magistrats supérieurs ou de Cour Souveraine.

Puffendorf, liv. 7, ch. 2, pag. 249.

Bodin, liv. 2 & liv. 1er, pag. 91.

LE Magistrat supérieur est lui-même sujet du Souverain, comme les autres citoyens, avec cette différence qu'il est engagé envers lui d'une manière plus étroite et plus particulière que le commun des citoyens. Cette dénomination de Supérieur ou de Souverain ne signifie rien autre chose par rapport aux Magistrats, sinon qu'il ne se ressortit à aucun autre; et il est constant que la qualité de Magistrat n'a rien de commun avec la Majesté Souveraine; car le Magistrat n'est que délégué par celui qui a en main la puissance souveraine, à l'effet d'exercer en son nom une portion déterminée de cette puissance. Or, celui qui exerce la puissance souveraine au nom d'autrui, n'est pas Souverain.

Le Magistrat supérieur juge souverainement, parce que telle est l'étendue du pouvoir que le Souverain lui a confié ; mais ce pouvoir même, il ne le tient du Souverain qu'à titre de simple dépôt, et ne peut pas s'en dire propriétaire, parce qu'il répugne d'admettre, dans un même État, plusieurs propriétaires de la puissance souveraine, la divisibilité des différentes parties du pouvoir Souverain étant la destruction de la Souveraineté. Lors donc que les Magistrats supérieurs prononcent et décident, c'est véritablement le Souverain lui-même qui prononce et décide par leur organe, puisque c'est son pouvoir qui agit, et que ce pouvoir n'est ni cessible, ni communicable.

Il suit de ces principes que si le Souverain juge à propos de venir en l'assemblée des Magistrats supérieurs, sa présence suspend la puissance des Magistrats, lesquels n'ont dans ce cas aucun pouvoir de commander. En effet, la puissance des Magistrats n'étant autre que la puissance qui appartient au Souverain, il impliquerait contradiction de dire que le Souverain commandant en personne, quelqu'autre pût commander en même-temps aussi souverainement

Bodin,
Ib. p. 333.

que lui. La présence du Souverain absorbe donc et éclipse la puissance du Magistrat.

Comme il n'y a dans une Monarchie que le Souverain qui ait le pouvoir de faire des loix, les Magistrats supérieurs eux-mêmes ou Cours souveraines, ni autres personnes quelconques ne peuvent prétendre, en vertu de la puissance qui leur a été confiée, pouvoir faire de nouvelles loix ou abroger les anciennes, ou y déroger de quelque manière que ce soit. Ce serait de leur part s'approprier la Souveraineté, en s'attribuant le pouvoir législatif. Une pareille usurpation tendrait à détruire la constitution monarchique, et ne peut jamais venir à l'idée de Magistrats supérieurs qui prononcent au nom du Souverain, et jamais de leur propre autorité.

Bodin, liv. 3, p. 325.

§. V.

Que les Magistrats ne sont que dépositaires de l'autorité à eux confiée.

IL est donc bien évident que la puis-

sance souveràine n'appartient et ne saurait appartenir aux Magistrats supérieurs
ni autres quels qu'ils soient. Si donc ils
en exercent quelques portions , c'est
que le Souverain leur en a confié l'exercice ; mais il ne l'a point fait , ni pu le
faire à titre de concession , parce qu'aucune portion ne peut être détachée et
divisée de la Souveraineté , sans altérer
essentiellement le pouvoir souverain.
Il n'a donc pu leur confier cet exercice, qu'à titre de simple dépôt ?

Delà il suit que le Magistrat supérieur ne peut ni céder l'exercice de ses
fonctions, ni y commettre qui que ce
soit. Il peut à la vérité déléguer pour
informer, vérifier, ou même proposer
un avis et des motifs de détermination ;
mais jamais pour juger et décider souverainement, parce que n'ayant pas lui-
même la puissance souveraine , il ne
peut en transmettre l'exercice. C'est
pourquoi aussi les Ordonnances rendues
par les Rapporteurs ou autres Conseillers
de Cours souveraines, mais comme
délégués de leurs compagnies , sont
toujours sujettes à l'appel.

§. V I.

Distinction entre l'office et l'exercice de l'office.

Bodin, liv. 3, p. 319, 320, 321.

Nous terminerons cet article par deux propositions que nous fournit le publiciste Bodin, touchant l'exercice des charges créées par le Souverain.

Première proposition. L'office appartient à l'Etat, c'est le Souverain qui l'a créé pour l'avantage de l'Etat. C'est donc au Souverain, comme chef de l'Etat, qu'en appartient la propriété, et le Magistrat n'en a que la jouissance. L'aliénation même que peut faire le Souverain de cet office, ne saurait transférer au profit de celui auquel il serait aliéné, la propriété même de cet exercice ; mais seulement la simple jouissance de ce même exercice, avec la faculté de présenter au Souverain, après lui, une personne capable de s'en acquitter dignement, et que le Souverain demeure toujours le maître d'agréer ou de refuser. En effet, il serait contra-
dictoire

dictoire que le Souverain demeurât Souverain, en aliénant à perpétuité l'exercice de la puissance souveraine.

Deuxième proposition. La puissance octroyée par le Souverain au Magistrat, en vertu de l'érection de son office, est propre à l'office et non au Magistrat. Il est nécessaire, à la vérité, que le Souverain, pour son soulagement dans une grande administration, donne à divers particuliers, des pouvoirs suffisants pour administrer ou juger, ou enfin pour remplir à son entière décharge les diverses fonctions dont il lui a plu de les revêtir. Mais la donation que fait le Souverain, de l'office, ne confère pas à celui qui en est pourvu, la propriété de la puissance attachée à cet office ; mais seulement le droit et la faculté d'exercer cette puissance au nom du Souverain.

Bodin, ibi. pag. 322.

En effet, le Souverain ne peut révêtir de son autorité aucun de ses sujets, ni même aucun corps de particuliers, de manière à leur concéder une faculté propre et personnelle d'exercer la puissance souveraine ; car, si quelques particuliers ou quelques corps eussent reçu cette faculté propre et personnelle d'exercer la puissance souveraine, le Souverain se serait dépouillé, et ne serait plus Souverain, s'étant donné des égaux ; mais cet exercice du pouvoir souverain que le Souverain est obligé de confier à des Magistrats, est consigné et réside invariablement dans un dépôt sacré et inaliénable ; c'est le titre même de l'office qui est le lieu de ce dépôt précieux, qui demeure toujours dans les mains du Souverain, quoique la faculté d'en exercer les fonctions en soit par lui concédée à celui qu'il revêt de provisions ; et par conséquent les Magistrats propriétaires d'offices ou plutôt de la faculté de les exercer, ne sont que de simples dépositaires des diverses portions de pouvoir qui y sont attachées.

—————

CHAPITRE X.

De la législation en France.

§. Iᵉʳ.

Qu'il appartient au Roi seul, et exclusi-
vement à tous, de faire des Loix.

CE royaume étant purement monarchique, il n'y a qu'une seule puissance,
une seule autorité souveraine, qui réside,
dans toute sa plénitude, dans la personne
du Monarque. Il la tient de la volonté
de Dieu, déclarée par le consentement
libre du peuple, qui, originairement
propriétaire de cette autorité, la lui a
remise en entier et sans réserve. Aussi
ne monte-t-il pas sur le thrône sous la
condition d'en descendre, s'il manque
à l'exécution des conditions qui lui
ayent été imposées. Il y monte, en
promettant de régner justement. Il n'a
point de supérieur, et le Tout-Puissant
seul est son juge.

Il n'en est pas de ce Royaume comme de certains Etats où le chef de l'Etat ne jouit, à proprement parler, que d'une magistrature personnelle, sujette à être inspectée et jugée par la Nation, qui, en établissant ce régime particulier de Gouvernement, a conservé en ses mains la propriété même de la souveraineté. Le Roi de France exerce un pouvoir suprême, absolument libre et indépendant. Il ne reconnaît aucune autorité capable de contrebalancer la sienne ; personne qui puisse prétendre le droit de diriger ses démarches ; personne, qui, sans son aveu et ses ordres, puisse s'ingérer d'examiner et de corriger ce qui pourrait se trouver d'imparfait dans sa manière de gouverner.

Le Roi est seul et essentiellement chargé de procurer le bien de son Etat. C'est sur lui que se repose la Nation entière du soin de la faire jouir d'une paix et d'une tranquillité inaltérables ; c'est sur lui que sont fixés tous les yeux des citoyens, pour lire dans sa volonté la règle de leur conduite, et pour réclamer son secours contre les injustices auxquelles ils peuvent se trouver exposés.

Il est le seul mobile de l'Etat. Lui seul fait mouvoir les ressorts de ce grand empire, et il n'appartient à personne d'y porter une main profane. Si le Souverain daigne partager avec des personnes choisies, le pénible fardeau de cette grande administration, il ne se les associe point, lui seul tient les rênes du Gouvernement, et ceux qu'il veut bien appeller auprès de sa personne, sont ses premiers serviteurs.

Puis donc que dans ce Royaume on ne reconnait que l'autorité d'un seul, il ne peut appartenir qu'au Monarque qui y commande, de balancer en sa main les intérêts des peuples qui lui sont soumis, de régler souverainement tout ce qui peut concerner la société politique dont il est le chef, et d'exiger une entière obéissance aux loix qu'il juge convenable d'établir.

Nous n'ajouterons rien davantage, quant à présent, touchant ce principe, que le Roi est seul législateur en France, nous réservant dans la suite à tirer un nouveau jour en faveur de cet axiôme, de ce que nous aurons nécessairement à exposer sur ce qui concerne les loix fondamentales du Royaume.

§. I I.

De l'envoi fait aux Cours, des Loix à enregistrer, & du devoir des Magistrats à cet égard.

Les fondements de cet Empire étant appuyés sur la justice et sur l'équité, il n'est pas étonnant que le Monarque, qui n'a d'autre objet que de se régler sur des principes aussi essentiels, consulte, dans l'établissement de ses Loix, les Magistrats auxquels il a bien voulu confier le dépôt des Loix et le pouvoir de lui remontrer ce qu'il importe pour son service et le bien de ses sujets.

Mais lorsque le Souverain demande l'avis de ses Conseillers, on ne peut pas dire que, par cette démarche, il s'assujettisse à se conformer aux sentiments de ceux qu'il daigne consulter. Il écoute leurs motifs, il veut être instruit, afin de ne prononcer qu'avec la plus parfaite connoissance sur ce qui doit être l'objet de l'obéissance de tous ses sujets.

C'est certainement une prérogative bien noble et bien honorable, que celle dévolue aux Magistrats des Cours Souveraines, de conseiller le Monarque dans l'exercice d'une des plus importantes fonctions de la Royauté.

Lors donc que la Loi leur est envoyée, ils doivent, dans l'examen qu'ils en font, peser, avec la plus grande attention, chacune de ses dispositions, et considérer ce qui peut en résulter d'utilité ou d'inconvénient pour la chose publique. Si la Loi leur paraît annoncer le caractère de surprise, ou contenir quelques articles préjudiciables au bien de l'Etat, il est de leur devoir de faire tous leurs efforts auprès de Sa Majesté, pour lui éviter à elle-même les reproches qu'elle pourrait se faire par la suite, d'être tombée, par la fragilité des choses humaines, dans des pièges ou dans des erreurs capables de nuire au bien Public, et pour donner lieu au Souverain de revenir plutôt sur ses pas, que d'exposer son Etat aux dangers que pourraient entraîner de pareilles dispositions.

Les Magistrats chargés, par le devoir de leurs offices, de veiller à l'exécution

des Loix, ne peuvent en conscience concourir à ce que des Loix qui leur pa-
raissent injustes dans leur principe, et
périlleuses dans leurs conséquences ,
soient la règle de la conduite des citoyens,
ils doivent en exposer au Souverain les
inconvénients et les dangers , et lui faire
connaître, sans déguisement, le préjudice qui doit en résulter pour l'intérêt
de ses sujets. Nous verrons dans un
moment qu'une résistance ferme et mo-
deste, est souvent nécessaire pour l'ac-
quit de leur conscience. Nous verrons
aussi quelles doivent être les bornes de
cette résistance.

Mais, après que les Magistrats ont
présenté au Souverain tous les éclaircis-
sements que leurs lumières et leur conscience leur a dictés, il appartient au
Souverain de les examiner et peser dans
sa haute sagesse, et de déclarer ce qu'il
croit devoir ordonner touchant l'exécution de la Loi. Le devoir des Magistrats
étant acquitté, ils sont déchargés envers
le Roi et envers l'Etat de ce que leur
prescrivaient leurs fonctions à cet égard.

§. I I I.

*Si les Cours, en vérifiant et en enregistrant.
la Loi, coopèrent essentiellement à sa
formation.*

Il ne faut point ici équivoquer sur les
termes, ni prétendre indéfiniment que
les Cours coopèrent et doivent essentiellement coopérer à la formation de
la loi. En effet, si le consentement
des Cours était absolument indispensable
pour l'établissement de la Loi, les Cours
feraient la loi conjointement avec le
Souverain ; la puissance du Monarque
serait partagée avec ses Cours, et il
ne serait plus Monarque que de nom,
puisque, lorsque les Cours refuseraient
de consentir à la formation de la Loi,
la Loi ne pourrait pas avoir d'exécution. Ce n'est pas-là le but de la vérification demandée aux Cours. Ce ne peut
pas être non plus le sentiment des Cours
qui connaissent mieux que personne
toute l'étendue des droits et des pouvoirs
des Souverains dans une Monarchie.

Le consentement des Cours à l'enregistrement de la Loi , n'est donc en lui-même que l'aveu formel et authentique que font ces compagnies, qu'elles n'ont rien trouvé dans la Loi qui ait été dans le cas d'être représenté au Roi comme contraire au service de Sa Majesté et au bien de ses sujets ; et l'enregistrement est l'acte public et légal, par lequel les sujets connaissent que la Loi , après avoir été examinée par les Cours , et par elles reconnue ne rien contenir de préjudiciable à l'Etat , doit être fidellement et ponctuellement exécutée.

Quoique les modifications apposés par les Cours à certains articles des Loix , ayent toujours été censées faire parties intégrales de ces Loix, il ne s'ensuit pas que, même dans ce cas , les Cours ayent coopéré à la formation de la Loi. En effet, ce n'est point en vertu d'aucun pouvoir qui leur soit propre et personnel, que les Cours apposent des modifications aux Loix du Souverain. C'est en vertu du pouvoir que le Souverain leur a confié, qu'elles ont formé leur arrêt d'enregistrement, arrêt auquel le Souverain est censé avoir été présent, et qui, comme tous les autres jugements des Cours, est intitulé de son nom. Mais ces modifications, preuve non équivoque de la sagesse qui préside toujours aux délibérations des Cours, ne font Loi néanmoins qu'autant que la puissance législative du Souverain leur a donné une consistance solide, soit en les approuvant formellement, ou par un consentement tacite, en vertu duquel la Loi s'exécute avec les modifications.

. Nous ne parlons ici des enregistrements que quant au fait seulement et à la forme, en ce qu'ils ont un rapport direct avec la formation des Loix. Nous les considérerons quant au droit, lorsque nous parlerons des loix fondamentales de la Monarchie.

§ IV.

De la résistance et de l'opposition des Magistrats à l'exécution de certaines Loix. Effets de cette résistance.

L'HISTOIRE de cette Monarchie présente beaucoup d'exemples de la résistance des Magistrats et de leur opposition à ce que certaines Loix fussent mises à exécution. Combien de réprésentations les Cours n'ont-elles pas faites aux Souverains, pour les détourner de donner force de Loi à des réglements qu'elles ont cru dangereux? combien de fois n'ontelles pas refusé d'enregistrer des Loix émanées du thrône? combien de fois n'ont-elles pas protesté contre les abus et les inconvénients qui pouvaient résulter de réglements qui leur ont paru onéreux et préjudiciables au peuple? combien de députations solemnelles, où se faisant entendre du Souverain lui-même, elles lui ont exposé à la face de tout le Royaume, les injustices qu'elles avaient cru remarquer dans les Loix à elles envoyées pour les vérifier, et lui ont représenté avec cette hardiesse noble et respectueuse qui convient aux Magistrats, que leur conscience ne leur permettait pas de donner les mains à l'enregistrement de pareilles Loix?

Nous voyons même dans nos fastes, l'exemple d'une démarche la plus rare et la plus incroyable, par laquelle les Magistrats, pressés par le poids de l'autorité souveraine qui voulait les contraindre à des enregistrements de Loix notablement dangereuses , ont offert au Souverain leurs offices et leurs têtes , plutôt que de se départir de la nécessité où ils se sont crus, de ne point donner la plus légère approbation à des réglements qui leur paraissaient évidemment contraires aux intérêts du Monarque et de son peuple.

Ces réclamations des Magistrats , ces représentations, ces refus même d'enregistrer, sont justes en eux-mêmes. Ils sont établis par un long usage, ils sont consacrés par la volonté même du Souverain. Ce sont nos Rois eux-mêmes qui, par une multitude de Loix précises , ont enjoint aux Magistrats de faire tous les efforts possibles pour leur éviter de tomber dans les pièges de l'erreur ou de la fragilité humaine. C'est dans cette vue que nos Rois ont confié aux Cours le dépôt sacré des Loix , afin qu'ils fussent toujours à portée de leur remontrer combien il est utile de faire poser les Loix à établir sur les mêmes principes de sagesse qui appuyent les Loix ci-devant émanées de leur volonté.

Ces Magistrats , dont nous admirons

aujourd'hui la fidélité et la constance, ont donc rempli le devoir que leur prescrivaient leur conscience et la loi de leur serment. Ils obéissaient par cette résistance même aux Loix si souvent renouvellées par nos Monarques, qui défendent aux Magistrats de déférer à des ordres injustes ou évidemment surpris ; aussi nos Souverains se sont-ils fait un honneur dans plusieurs de ces occasions de louer le zèle et la fidélité des Cours, et même de révoquer quelques-unes de ces Loix, qu'une si forte résistance de la part des Magistrats les a convaincus ne pouvoir être avantageuses à leurs sujets.

Voilà des faits également capables de prouver l'attachement perpétuel et inviolable des Magistrats au bien public, et aussi la sagesse de nos Rois qui ont bien voulu couronner les intentions droites et légitimes des Cours, par des témoignages publics d'une reconnaissance bienfaisante, et par des actes de leur volonté souveraine également avantageux aux peuples et honorables à la Magistrature.

Mais il n'est pas moins constaté par l'histoire de cet empire, que, dans bien des occurrences, le Souverain, après l'exa-

men le plus exact des motifs de la résistance des Cours et des vues de bien public
par elles exposées, a néanmoins jugé
ses Loix nécessaires, et en a ordonné la
publication; et ces Loix en conséquence
ont été registrées, promulguées et exé-
cutées.

De ces traits de notre histoire, on
reconnaît combien nos Souverains ont
toujours été attentifs à se prémunir contre
un exercice arbitraire du pouvoir absolu,
dont ils ont bien voulu quelquefois sus-
pendre les effets, en conséquence de la
réclamation des Magistrats; mais qu'ils
n'ont jamais ignoré qu'à eux seuls appartient l'exercice de la puissance suprême,
puisque leur volonté a toujours fait la loi
lorsqu'ils ont cru devoir regarder comme
justes et raisonnables des règlements que
les Magistrats avaient cependant regardés comme susceptibles d'inconvénients.

§ V.

Qu'il doit y avoir un terme à la résistance des Magistrats. Quel doit être ce terme.

L'AUTORITÉ suprême étant une dans le Royaume, et cette autorité n'étant pas l'apanage des Cours, il existe donc un terme où la résistance des Magistrats doit finir. C'est celui où après avoir épuisé toutes les ressources qui leur sont permises, et que l'usage et l'autorité royale même ont consacrées, ils connaissent légalement que le Souverain entend ne rien changer à ce que sa volonté suprême croit devoir être exécuté comme nécessaire à son Etat.

Cet axiome n'a pas besoin d'être démontré, d'après ce qu'ont dit sur cette matière les plus célèbres auteurs qui ont traité du droit public français. Ces auteurs, après avoir donné aux Magistrats toutes les louanges qu'ils ont méritées en nombre d'occasions, où ils se sont exposés au danger de déplaire même au Souverain, plutôt que de consentir à l'exécution

cution des Loix dont ils craignaient le danger ; ces auteurs, dis-je, conviennent, et M^e. le Bret , l'un des oracles de la Magistrature, convient avec eux , que les Magistrats doivent faire toutes les démarches possibles , et employer toutes les résistances qu'il est à propos d'opposer , jusqu'à ce qu'ils ayent obtenu du Souverain ce qu'ils pensent avantageux à son service , ou jusqu'à ce qu'ils ayent absolument perdu toute espérance de l'obtenir.

Tel est donc le terme, où le devoir des Magistrats de conseiller le Souverain suivant leur conscience, est pleinement et entièrement acquitté ; au-delà de ce terme ils ne peuvent plus révoquer en doute la volonté du Monarque, ni encore moins la taxer d'erreur ou d'injustice. Elle est solemnellement connue ; elle doit être exécutée avec respect , comme émanée du Prince à qui seul il appartient de voir et de régler définitivement ce qui est bon et utile au peuple , auquel il commande seul et sans partage.

§ VI.

*Des Loix enregistrées contre le consen-
tement des Cours.*

Rien de plus contraire au bien de l'Etat
que l'incertitude ou l'indécision dans la
formation des Loix ; lors donc que le
Souverain a déclaré sa volonté, ou il faut
que la Loi s'exécute et soit la règle nouvelle de la conduite des citoyens, ou il
faut qu'elle soit retirée et que les mêmes
points fixes qui dirigeaient les actions des
citoyens, continuent de leur servir de base
sans aucun changement. Si donc le Souverain, éclairé et convaincu par les représentations des Magistrats, reconnaît
dans la loi qu'il voulait établir des inconvénients qui pourraient troubler l'harmonie de l'Etat, il cesse de vouloir l'exécution de cette Loi ; en la retirant, il
consent, pour le plus grand bien, qu'elle
soit retractée.

Mais si le Souverain, nonobstant ce
qui a pu lui être remontré par ses Cours
au sujet de sa Loi, juge néanmoins à
propos de persister à en croire l'établissement utile ou nécessaire, est-il raison-

nable de penser qu'il se forme alors un
conflit de volontés et un débat d'opinions
entre le Souverain et les Magistrats ? Non.
Il n'appartient pas à des sujets, dans
quelques rangs qu'ils soient constitués,
de fonder les vues sublimes qui dirigent
le Souverain dans le jugement qu'il porte
de sa Loi. Et, s'il était possible que de
cette contrariété de sentiments, il s'élevât
quelque doute ou présomption contre la
Loi à établir, il n'est donné qu'à celui qui
commande souverainement de juger définitivement du mérite de sa Loi, comme
de lever les doutes qui auraient pu naître à
son occasion.

Lors donc que le Souverain, après
avoir écouté les représentations réitérées
des Magistrats, leur annonce formellement que sa volonté est que la Loi de lui
émanée soit enregistrée et publiée, c'est
le cas, de la part des Magistrats, d'obtempérer avec respect, parce qu'ils doivent
reconnaître que le Monarque, par cet
acte de sa volonté suprême, a déclaré
que, comme à lui seul appartient de
peser au juste l'utilité où les inconvénients
de sa Loi, il se charge aussi de remédier

E ij

par sa souveraine prévoyance aux dangers qui pourraient en résulter par la suite.

Il y a deux voies pour provoquer l'enregistrement dans les Cours contre leur consentement. La première, lorsqu'en conséquence de lettres de jussion, les Cours ordonnent par leur arrêt de vérification, que, pour obtempérer auxdites lettres, et du très-exprès commandement du Roi, la Loi sera enregistrée et publiée pour être exécutée suivant sa forme et teneur ; cet arrêt d'enregistrement est l'acte par lequel les citoyens connaissent légalement que les vues du Souverain, supérieures à celles des Magistrats chargés de vérifier la Loi, l'ont déterminé à considérer l'établissement de cette Loi comme indispensable.

La seconde forme de faire enregistrer les Loix sans l'aveu et contre le consentement des Cours, est celle par laquelle le Souverain, paraissant dans toute la splendeur de sa gloire en l'assemblée des Magistrats, fait inscrire sur les registres et publier en sa présence les Loix que sa sagesse lui fait considérer comme suffisamment combinées, pour n'en pas faire de nouveau l'objet d'un examen détaillé et approfondi de la part des Magistrats. Et si le Roi, siégeant en son lit de justice, veut bien encore consulter les Magistrats, en demandant leurs avis, ces avis ne peuvent jamais former une délibération, parce que la présence de la Majesté Royale éclipse nécessairement toute autorité quelconque, ayant seul le droit de décider et prononcer partout où il se trouve, comme étant seul revêtu de la plénitude du pouvoir souverain. Cette publication et enregistrement de la loi en lit de justice, est donc l'acte par lequel les sujets connaissent légalement que la loi trouvée juste et équitable par le Monarque, qui en a seul pesé les avantages et les inconvénients, doit être, en conséquence de sa volonté souveraine, exécutée dans tous ses points.

§. VII.

De l'obéissance due aux Loix ; que cette obéissance n'est point une contrainte d'Esclaves.

L'obéissance des sujets envers le Roi, n'est pas une obéissance d'esclaves. Quoiqu'ils ne soient pas fondés à examiner les motifs de la volonté de leur Prince, néanmoins le Souverain, qui ne règne que par la Justice, s'est toujours fait un devoir d'exposer publiquement et légalement les vues qui le dirigent dans l'établissement des Loix. C'est l'objet des préambules de ces mêmes Loix, dans lesquels préambules Sa Majesté explique à ses sujets les causes qui l'ont engagée à créer la Loi.

Ces Loix étant promulguées après la vérification et enregistrement dans les Cours, doivent recevoir une pleine et entière exécution ; tout sujet est tenu d'y obéir. Mais, quoique ce soit pour tous les citoyens un devoir indispensable que celui d'une parfaite soumission à la Loi émanée du Souverain, cette soumission n'est pas une obéissance aveugle, c'est au contraire en connaissance de cause qu'ils obéissent, puisque le Roi a bien voulu leur exposer dans la Loi même, les motifs d'utilité ou de nécessité de l'établissement de cette Loi.

Et si l'enregistrement a été libre et volontaire de la part des Cours, les sujets du Roi voient que les Magistrats, en examinant les dispositions de la Loi, l'ont reconnue pour n'être sujette à aucun inconvénient ; et en obéissant , ils en admirent la sagesse.

Si au contraire , le Souverain a employé la plénitude de sa puissance pour ordonner la publication de sa Loi , les sujets doivent penser que le Monarque , par des raisons à lui connues comme justes et équitables , et qu'il ne leur appartient pas de pénétrer , a jugé nécessaire de faire promulguer sa Loi ; et, en se soumettant avec confiance et fidélité aux volontés connues du Souverain, ils doivent attendre avec respect , que des circonstances différentes déterminent sa bonté et sa sagesse à y modifier ce qui pourrait leur être onéreux.

§. VIII.

De la durée des Loix. Qu'est-ce qui en détermine la consistance et la solidité ?

Toutes les Loix quelconques , soit qu'elles aient été consenties par les Cours , ou qu'elles aient été publiées sans leur agrément , sont dans le cas des établissements humains, qui n'acquièrent une vraie consistance que par l'usage et l'épreuve du temps. Ce n'est point l'aveu des Cours qui assure leur exécution ; et quelque consentement qu'elles aient apporté à leur enregistrement , elles ne peuvent les garantir du défaut de solidité , qui est le vice radical de tout ce qui tient aux choses humaines ; et de même , quelques oppositions que les Magistrats puissent apporter à une Loi qu'ils estiment dangereuse, elles ne peuvent empêcher que le temps n'en démontre l'utilité ou la nécessité, et ne leur procure par l'expérience, une véritable solidité.

En effet , quoique les Compagnies souveraines n'aient d'autre but que le bien du Roi et de l'Etat , leurs vues sont nécessairement limitées par le temps et par les circonstances, qui, à la vérité, peuvent leur faire découvrir les inconvénients d'une Loi , lorsqu'elles s'occupent de la faire exécuter , mais qui ne sauraient les instruire suffisamment pour prévoir , lors de la vérification de cette Loi , tout ce qui, par la suite, pourra se rencontrer d'obstacles à son exécution.

C'est au souverain seul, qui tient en sa main le point de réunion de tous les ressorts d'une aussi grande administration, qu'il appartient de prévoir toutes les circonstances futures, pour les balancer avec justesse avec les circonstances actuelles, et avec ce qu'un long usage du passé aura consacré comme bon et solide. Le Monarque, par sa sublime prévoyance et par cette attention continuelle avec laquelle il maintient un équilibre perpétuel dans toutes les parties de son Etat, est seul capable de concilier avec une combinaison sûre, et d'employer avantageusement toutes les vues relatives au bien public, que tout autre que lui ne peut concevoir que par parcelles, et indépendantes les unes des autres.

Cependant, quoique le Souverain, par un coup-d'œil juste et qui embrasse tout à la fois, soit seul à portée de voir et d'apprécier cet ensemble d'utilités et d'inconvénients qui dirigent la formation des Loix, encore est-il possible qu'il soit lui-même entraîné dans l'erreur, défaut inséparable de la condition humaine, et que ce qu'il a cru établir pour le plus grand bien, renferme quelques vices préjudiciables à la chose publique.

Si donc une Loi, quoique dictée par

la droiture la plus exacte, quoique consentie par les Cours, d'après l'examen le
plus réfléchi, quoiqu'exécutée par les
sujets avec toute la soumission qu'ils
doivent aux volontés du Souverain ; si,
dis-je, cette Loi se trouve, par un
enchaînement de circonstances insur-
montables, impliquer quelque contradiction avec le bien de l'Etat, cette Loi
tombera nécessairement par l'impossibilité de l'exécuter.

Si au contraire la Loi est bonne par
elle-même, si elle est appuyée sur les
fondements solides d'une véritable utilité
ou d'une absolue necessité, si le bien
de l'Etat y est essentiellement inhérent,
que cette Loi ait été publiée d'après un
consentement libre des Cours, ou qu'elle
ait été registrée et promulguée sans leur
consentement exprès, elle subsistera et
s'exécutera pareillement, et sera inébranlable, comme étant intimement liée au
bonheur de l'Etat, et les Cours y don-
neront le plus grand applaudissement,
lorsqu'elles reconnoîtront évidemment
que, nonobstant les inconvénients qu'elles
avaient craint, l'exécution de cette Loi
procurera le salut de la chose publique.

En effet , il est arrivé nombre de fois
que des Loix enregistrées et publiées en
Lit de Justice, et sans l'aveu des Cours,
se sont trouvées si conformes à l'équité
et à la justice, si avantageuses à l'Etat,
que les Cours, qui n'ont jamais rencontré
d'obstacles à leur exécution , ont avoué
de la manière la plus formelle , la sagesse
et l'utilité de ces Loix , en apportant la
plus grande activité et la plus ponctuelle
exactitude à les faire observer. Plusieurs
de ces Loix sont encore actuellement
la règle inviolable de tous les citoyens ,
pour réclamer et obtenir les avantages
de la Société civile , dont ils ont droit
de jouir ; et tous les sujets du Roi met-
tent avec raison, toute leur confiance dans
ces Règlements, et les regardent comme
leur abri et leur refuge contre les injustices de leurs concitoyens.

§. I X.

*De l'abrogation des Loix ou expresse
ou tacite. Comment s'opère cette abrogation.*

Le Monarque, toujours et dans tous

les temps , occupé de l'administration de son Etat , voit dans un moment le passé , le présent et l'avenir ; et de l'enchaînement de tous ces points de vue , il juge du mérite des loix existantes et de la nécessité de celles qu'il convient d'établir ; et par ce même coup - d'œil , il décide si telle ou telle Loi existante est sujette à réformation , eu égard aux abus qui se sont introduits dans son exécution , ou même si les circonstances ayant changé , elle est devenue inutile ou dangereuse. En conséquence , le Souverain , suivant les lumières de sa profonde sagesse , se porte à réformer ces Loix anciennes , en les expliquant , ou à les abroger comme nuisibles, ou à les laisser tomber en désuétude, en n'exigeant plus qu'elles soient mises à exécution.

Une multitude de Loix , ou consenties par les Cours , ou publiées et enregistrées contre leur gré et acquiescement , se sont trouvées dans le cas de l'abrogation ou de la réformation , ou même sont tombées en désuétude. Mais ce changement ne s'est jamais opéré que par la volonté du Souverain , ou manifestée légalement par des Loix expresses , dérogatoires aux anciennes, ou sanctionnée tacitement en avouant et approuvant que ces Loix anciennes ne reçussent plus d'exécution ; et ce consentement tacite du Souverain a équivalu à une abrogation formelle de ces même Loix. En un mot, le Souverain seul peut faire la Loi ; seul il peut la révoquer.

§. X.

Du devoir des Magistrats , lorsque les Loix existantes deviennent sujettes à inconvénients.

Il n'est donc pas au pouvoir des Cours d'abroger les anciennes Loix , et par conséquent elles ne peuvent se dispenser de faire exécuter les Loix que dans les deux cas que nous venons d'énoncer ; savoir en vertu de la volonté du Roi , manifestée par l'envoi de lettres dans la forme ordinaire, ou en vertu de cet aveu tacite , par lequel le Souverain tolère que ces Loix ne soient plus executées. S'il arrive des circonstances où les Cours se trouvent gênées et embarrassées relativement à l'exécution des Loix qui leur est confiée, si elles rencontrent de nouveaux embarras, de nouveaux dangers dans cette exécution, elles doivent recourir à l'autorité du Souverain, pour lui exposer les nouvelles difficultés survenues dans l'exécution de la Loi, et lui remontrer l'utilité de suppléer à cette Loi par des Règlemens plus analogues aux circonstances.

Aussi est-il arrivé quelquefois que les Cours, en poursuivant l'exécution des Loix qu'elles avaient elles-mêmes librement consenties et consacrées par leur enregistrement, ont tellement été arrêtées par des inconvéniens imprévus, qu'elles n'ont eu d'autre ressource que de recourir au Monarque, pour obtenir de sa sagesse de les interpréter, modifier, ou même de les abroger.

CHAPITRE XI.

Des Loix fondamentales de l'Etat. De la Loi de la succession à la Couronne.

Nous examinerons séparément d'où procèdent les Loix fondamentales de ce

Royaume , et quelles sont ces Loix. Mais avant tout , nous allons exposer ce qui concerne la première et la plus importante de ces Loix , celle de la succession à la Couronne , qui tient un rang tellement éminent parmi toutes les autres , qu'il est de la dignité de cette discussion, de ne la confondre avec aucune autre.

SECTION PREMIERE.

De la Loi de la succession à la Couronne de France, de mâle en mâle, à l'exclusion des filles.

C'est une Loi constitutive et fondamentale de ce Royaume , que la Loi qui règle la succession à la Couronne : cependant on ne voit pas que la Nation , en aliénant son pouvoir souverain au Roi des Français , ait établi cet ordre de succession de mâle en mâle, par une Loi positive qui soit venue jusqu'à nous. Les Rois de France , seuls propriétaires du pouvoir législatif, n'ont jamais prononcé législativement sur cet important objet.

Mais l'usage constant et non interrompu a acquis à ce régime une force invincible , et en a formé une Loi inébranlable. L'assemblée des Grands et des Prélats du Royaume rendit , à la vérité , un hommage solemnel à cette constitution de l'Etat , en faveur de Philippe-de-Valois , contre la prétention d'Edouard , Roi d'Angleterre; mais cette Assemblée ne prétendit ni faire la Loi , ni s'attribuer le pouvoir de la confirmer. La Loi existait , et a toujours été regardée comme irréfragable.

Elle était d'ailleurs fondée sur le vœu tacite de la Nation, qui a toujours regardé les enfants mâles de ses Rois , comme successeurs nécessaires et présomptifs à la Couronne de France.

Telle a été en effet et perpétuellement, l'opinion de la Nation. C'est un sentiment gravé dans le cœur des Français , en caractères ineffaçables; et si les deux premières races de nos Rois ont cessé de règner , et qu'une troisième dinastie a occupé le Trône, que la Nation n'avait pas droit de lui donner , le vœu de la Nation a aussi-tôt été dévolu en faveur des descendants mâles du premier Roi de cette race, comme par un heureux présage , qu'il serait réservé à cette

auguste

auguste famille de rendre à la Majesté Royale tout son lustre , en évitant la faiblesse qui avait fait tomber les Rois de la première race sous l'empire des mains du Palais, et en faisant rentrer sous le Domaine et sous l'autorité royale , les grands Fiefs et les Seigneurs dont la puissance avait réduit les Rois de la seconde race à n'être plus Souverains que de nom.

Ce vœu des Français n'est pas une Loi positive , elle existe dans cette possession perpétuelle des descendants ou plus proches parents mâles de nos Rois , de succéder à la Couronne. Mais il est vrai de dire que de ce vœu de la Nation , et de cet usage constant qui équivaut à une Loi positive , il s'est formé un nœud réciproque, un lien indissoluble qui attache tellement la Nation à la famille régnante , que cette famille ne peut transporter son droit ailleurs , sans rompre cette unité qui fait la base des Corps politiques dont le Roi est le Chef.

F

SECTION II.

Des deux Epoques où la Loi de la succession à la Couronne a été ébranlée ; ce qui est résulté de l'atteinte portée à cette Loi fondamentale du Royaume.

§. Ier

PREMIERE EPOQUE.

Charles VII.

CE nœud si essentiel à la Constitution de l'Etat, a été rompu par deux fois, deux fois il a été renoué.

Un Prince accablé d'infirmités, peu propre à vaquer aux affaires du Royaume, à cause de ses fréquentes maladies, obsédé de courtisans intéressés aux troubles de l'Etat, Charles VI, brisa ce nœud en transférant la Couronne de France au Roi d'Angleterre, son gendre, au préjudice de son fils, héritier présomptif de la Couronne.

La Loi de la succession au Trône, cette Loi fondamentale de l'Etat, é...

(83)

une fois renversée , on ne reconnut plus
dans les Français , ce zèle et cet empres-
sement à reconnaître l'héritier de la Couronne. La Nation armée contr'elle-même,
fut en proie aux factions les plus san-
glantes ; et la France ne fut plus qu'un
grand théâtre des désordres les plus
affreux. Le Fils unique du Roi , son seul
successeur légitime , méconnu , proscrit ;
nulle réclamation en sa faveur. Les
Grands , les personnages illustres , qui ,
par le droit de leur naissance , touchaient
de plus près à la Couronne , s'empressent
de faire reconnaître un étranger pour
Roi de France. Les particuliers , les
corps politiques , tous applaudissent à
cette invasion du Trône Français ; et
l'Anglais , maître de la Capitale , allait
étendre sa domination sur tout le
Royaume.

Tels sont les funestes effets de l'atteinte
portée par Charles VI , à la Loi du
Royaume Ils auraient été suivis de la
subversion totale de la Monarchie , si ,
par une suite de victoires , qui tiennent
du prodige , Charles VII n'eût contraint
la Nation à observer la Loi fondamentale
de l'Etat , qui l'appellait à la Couronne.

Appuyé d'abord par un petit nombre de Français, liés par intérêt et par nécessité, à sa fortune, secondé ensuite par la rapidité de ses victoires, qui grossissaient tous les jours le nombre de ses sujets, la force, ou plutôt la main de la Providence, le plaça sur le Trône; et, à l'aide de cette portion de la Nation, par la valeur de laquelle il reconquit le Sceptre de ses ancêtres, il décida du sort de toute la Nation, en lui imposant la Loi de lui obéir comme à son Souverain légitime.

On ne peut pas se dissimuler que, dans cette confusion où se trouva alors tout le Royaume, le Corps de l'Etat étant, pour ainsi dire, dissous, la force majeure seule, au défaut de Loi, pouvait seule décider de la succession à la Couronne: aussi ce ne fut que le bonheur continuel et la supériorité des Français qui combattaient pour Charles VII, qui firent plier toute la Nation sous son autorité, et qui lui assurèrent une Couronne qu'il avait été sur le point de perdre à son retour.

Mais aussi-tôt que la force majeure eut une fois décidé en faveur de la Loi de la succession à la Couronne, cette Loi reprit un nouveau lustre, et la Nation continua, dès ce moment, à considérer comme nécessairement lié avec cette Loi, le vœu ancien par lequel les Français avaient toujours regardé le Fils aîné de leurs Rois, comme présomptif héritier de la Couronne.

§. II.

SECONDE EPOQUE.

Henri IV.

Il en arriva encore de même dans ces temps affreux, dont on ne lit encore le récit qu'avec frayeur, où les Français rompirent eux-mêmes ce nœud qui les avait liés si long-temps et si inséparablement à la famille de leurs Rois.

Après avoir réduit Henri III à l'impossibilité de leur commander, par la puissance absolue et excessive que la Ligue avoit usurpée, ils en vinrent jusqu'au point de dénier à son successeur légitime, le droit incontestable qui l'appellait à la Couronne.

La Nation est assemblée pour élire
une loi. Le choix va placer un étranger
sur le Trône de France. Le Parlement,
tout ligueur qu'il était, réclame le droit
des Français de ne pouvoir être gou-
vernés que par un Prince de leur Nation.

Il n'ose réclamer le droit de l'héritier présomptif, pas même celui de la
Maison de Bourbon. Il défend d'élire un
étranger, et les Etats se séparent, sans
avoir fait cette funeste élection qui eût
fait perdre à la famille de Bourbon son
droit à la Couronne, ou au moins, qui
eût exclu du Trône le Grand Henri,
ce Prince si digne de règner sur des Français; et, ce qu'il y a de plus affreux,
cette indécision des Français sur le choix
de celui qui doit règner sur eux, n'est
pas le fruit d'un retour sur eux mêmes,
ni sur la Loi fondamentale du royaume;
elle ne provient que de la crainte où
est chacun des contendants de n'être pas
choisi pour ravir le sceptre à celui qui
seul a le droit de le porter.

Il était encore impossible dans une
pareille anarchie, et durant une aussi
violente convulsion de tout le corps de
l'Etat, qu'une autre voie, que le droit

du plus fort, décidât une question où toute la Nation était intéressée.

Ce droit du plus fort s'est trouvé, heureusement pour ce royaume, entre les mains de Henri IV. Ce Prince, secondé de plusieurs Seigneurs français que son caractère bienfaisant lui avait attachés, sçut maintenir son droit à la Couronne contre tous les efforts des ennemis de son auguste Maison; et, la victoire marchant toujours à ses côtés, il sçut, en réconquérant son royaume partie par partie, abattre chacune des têtes de ce grand Hydre qui allait engloutir la France, et lui porter enfin le coup mortel , par la réunion forcée de toutes les provinces sous son obéissance.

Ce fut donc aussi par la force de son bras , et par l'assistance des Français , qui lui furent fidèles, que le Grand Henri vint à bout de contraindre la Nation entière à rendre un nouvel hommage à la Loi fondamentale de l'Etat, qui lui adjugeait la Couronne. Et la Nation , depuis cette importante époque, n'a jamais varié dans ses sentiments qui lui feront toujours désirer sincèrement que le Trône de France soit à jamais occupé par les augustes descendants d'un aussi grand Prince.

§. III.

Suite de la seconde époque, que l'Arrêt rendu à Paris par le Parlement, durant la tenue des Etats de la Ligue, n'a ni assuré ni pu assurer la Couronne à Henri IV.

Premièrement, comment cet arrêt aurait-il pu assurer la Couronne à Henri IV. Cet arrêt était radicalement nul, comme rendu par des gens sans pouvoir.

En effet, Henri III ayant, immédiatement après les Etats de Blois, conçu le dessein de se lier avec Henri, Roi Navarre, pour recouvrer son autorité royale, dont la Ligue prétendait le dépouiller, commença par rendre une Loi par laquelle il transféra le Parlement de Paris et les autres Cours en la ville de Tours, interdisant expressément de toute fonction les tribunaux qui resteraient en la ville de Paris, devenue, alors, le centre de la ligue.

Ce fut aux Magistrats, qui, en obéissant aux ordres du Souverain , se rendirent à Tours , que furent dévolus le titre et les fonctions de Cour de Parlement. Ce qui resta à Paris , des Officiers du Parlement n'exerçait plus l'autorité du Roi ; ils en étaient dépouillés légalement. Ils n'exerçaient qu'un pouvoir incertain et arbitraire sous le nom du Duc de Mayenne , que la Ligue avait abusivement créé Lieutenant Général de la Couronne, comme si elle eut été vacante.

Ce n'était donc point-là un Parlement : et encore moins dût-on le regarder comme tel , lorsque la faction des seize eut, par voie de fait, rempli cette prétendue compagnie, de sujets à elle dévoués, après en avoir destitué et emprisonné les anciens membres, que Bussy le Clerc avait cru devoir soupçonner de pencher pour le parti des héritiers de la Couronne : et quoique , dès le lendemain de cette fameuse installation de nouveaux officiers dans ce Parlement ligueur , les audiences ayent recommencé comme à l'ordinaire, peut-on se dissimuler qu'un aussi étrange tribunal ait pu rendre d'autres arrêts que des arrêts nuls ?

Bien loin d'intituler leurs arrêts du

nom de Henri IV , devenu Roi de France par le mort de Henri III , ce prétendu Parlement avait rendu les plus terribles arrêts pour défendre de le reconnaître pour Roi, et s'était engagé , par les serments les plus affreux , à ne jamais consentir que ce Prince règnât sur les Français. Ce Tribunal monstrueux ne reconnaissait point de Roi. En quelle qualité donc , et sous quelle autorité pouvait-il exercer les fonctions de Cour de Parlement ? Il y avait donc nullité absolue dans le prétendu exercice de ses fonctions , et cette nullité infectait manifestement tous ses jugements. L'arrêt donc , par lequel il défendit de conférer la Couronne à un étranger, était donc un acte nul ?

En second lieu ; mais ce fameux arrêt n'avait pas même pour objet de conserver à Henri IV son droit à la couronne, ni même à la branche des Bourbons, à laquelle, au défaut de celle des Valois éteinte en la personne d'Henri III , le Trône appartenait incontestablement, comme descendant en ligne directe de Saint-Louis.

Ce n'était pas le but de l'arrêt. Il regardait le Trône comme vacant, puisqu'il admettait la validité de l'élection d'un Roi; mais ce prétendu Parlement voulait que l'on choisît un Français; et ce fut précisément ce qui, par une permission divine, déconcerta les chefs de la ligue et occasionna la dissolution de l'assemblée des Etats, sans qu'ils eussent pu remplir les vues dans lesquelles ils l'avaient convoquée; car, en vertu de cet arrêt, ni le Duc de Mayenne, ni le Duc de Guise, ni les autres Princes Lorrains ne furent dans le cas d'espérer d'être élus Rois de France, attendu leur qualité d'étrangers. La même raison militait contre les autres contendants.

Le fruit de cet arrêt, nul en la forme et au fond, mais qui n'avait pas été prévu, fut d'opérer une confusion générale qui fit échouer, et l'espérance que le Parlement ligueur avait conçue, qu'on exclurait irrévocablement Henri IV du Trône de France, et toutes les batteries que les étrangers avaient dressées pour s'en emparer, à la faveur d'une prétendue élection de la Nation assemblée.

Il donc vrai, et l'histoire en fait foi, que ce ne fut pas en vertu de ce prétendu arrêt, que Henri IV monta sur le Trône. Il y était dès-lors établi , et par son droit et par le serment de fidélité que lui avait déjà prêté grand nombre de Seigneurs Français , dont la bravoure lui aida ensuite à rentrer en possession du royaume qui lui appartenait , en dépit de la Ligue et des puissans ennemis de la France, qui partagèrent avec elle l'opprobre d'une association aussi abominable.

§. I V.

Ce que l'on doit conclure des faits qui viennent d'être exposés.

Mais ne nous appésantissons point sur ces temps d'horreurs. Concluons seulement des deux exemples que nous avons cités , que, toutes les fois que les Loix fondamentales de l'Etat sont renversées, soit que ce renversement provienne du fait du Prince, ou de l'infidélité de ses sujets, le lien qui tenait les sujets attachés à leur Roi, est nécessairement brisé ; l'Etat est subverti ; il retombe dans l'anarchie, et il n'y a plus de sécurité , pour qui que ce soit, jusqu'à ce qu'une force majeure ait décidé quelle portion de la Nation commandera à l'autre, et lui imposera des Loix et une forme quelconque de gouvernement.

Tel est le danger de la subversion des Loix constitutives de ce royaume. Graces au ciel, nos Rois sont trop éclairés sur leur propre intérêt et sur celui des peuples qu'ils gouvernent, pour qu'ils puissent souffrir que l'on porte la moindre atteinte à cette Loi de l'Etat, non plus qu'à aucune autre des Loix qui sont la base et le soutien de la Monarchie.

————

CHAPITRE XII.

Des autres loix fondamentales de l'Etat :
Sources d'où elles dérivent.

LES Loix fondamentales de l'Etat dérivent, ou de cette grande maxime que *le plus grand bien de l'Etat doit toujours et en tout être procuré*, ou du droit naturel, ou des loix positives ou coutumes établies par le Souverain.

Salus Populi suprema lex esto.

SECTION PREMIÈRE.

Première source des Loix fondamentales de l'État, le plus grand bien de la chose publique.

§. Ier.

Les Assemblées du Champ de Mars, et anciennes Assemblées Nationales.

Cet important axiôme, *salus populi suprema lex esto*, a toujours fait la base de toute société politique. Le Souverain est le premier intéressé à ce que le régime du gouvernement soit le meilleur possible & le plus avantageux au peuple qu'il gouverne.

C'est sur ce fondement que, dans les premiers temps de la Monarchie, le Souverain delibérait tous les ans avec les grands du royaume dans les assemblées du Champ de Mars, de ce qui pouvait intéresser l'Etat, et décidait des grandes affaires du royaume, en présence de la Nation assemblée et en armes, et qui y acquiesçait avec une acclamation unanime.

Dans la suite, l'Empire Français s'étant extraordinairement aggrandi , il fut impossible de convoquer toute la Nation : et la Nation exécuta les Loix que lui dicta le Souverain, d'après l'examen par lui fait de ces Loix dans l'assemblée des Prélats et des Grands du royaume.

Tel fut le régime du gouvernement sous les deux premières races de nos rois ; régime qui, même, avant la fin de la seconde race , avait déjà reçu une grande altération , puisque les grands vassaux ayant enfin réduit les Souverains à n'avoir plus de sujets dans leur dépendance directe, leur ôtèrent même la possibilité de convoquer ces assemblées.

§. I I.

La Loi des Fiefs.

La Loi des fiefs fut aussi, sous les deux premières races, la Loi constante de la Monarchie. Les vassaux, à raison des bénéfices qu'ils possédaient, étaient obligés de servir le Roi envers et contre tous, et étaient tenus envers lui de devoirs bien plus étendus que ne comporte la simple qualité de sujets; et le Roi trouvait, dans la distribution des grands bénéfices, des récompenses propres à exciter l'émulation des Français, et à les rendre capables des plus grandes entreprises.

L'hérédité de ces mêmes fiefs, que les Rois de la seconde race jugèrent à propos de concéder, semblait devoir former un lien de plus, entre le Souverain et ses vassaux, ayant été introduite pour assurer à la personne du Roi, l'attachement et la fidélité de toutes les grandes familles du Royaume.

Ce fut cependant cette concession même de l'hérédité des fiefs, qui mit la Monarchie sur le penchant de sa ruine. La trop grande puissance des vassaux, et l'aliénation des Domaines de la Couronne, à titre de fiefs, avaient mis les Rois dans une impuissance totale de se faire obéir. L'Etat ne s'est rétabli, l'autorité royale n'est rentrée dans ses droits légitimes, que par l'application continuelle que nos Rois ont depuis apportée, à se conduire par les maximes les plus directement opposées à celles qui avaient servi de base à la constitution de l'Etat, lorsqu'il lorsqu'il étoit gouverné par le régime féodal.

§. I I I.

Cessation de ces deux régimes de Gouvernement par désuétude.

Les formes du Gouvernement dont nous venons de parler, quoique toutes les deux fondées sur le plus grand bien de l'Etat, quoique Loix constitutives du Royaume, ont elles-mêmes subi l'empire du temps, qui a démontré, ou l'impossibilité de les tenir en vigueur, ou la nécessité de les abroger pour l'avantage même de l'Etat. Et néanmoins il sera éternellement vrai de dire, que le Monarque doit toujours régler l'administration de son Etat sur le principe de la plus grande utilité de ses Sujets ; principe invariable dans son essence, mais qui peut être susceptible de variation dans l'emploi des moyens propres à remplir utilement cet important objet.

G

§. I V.

Extinction et cessation des anciennes Loix des Francs, par défaut d'objet.

Il faut dire la même chose des Loix saliques, ripuaires, et autres Loix particulières aux Francs, et dont la réunion formait le droit national de ce peuple conquérant. Ces Loix, qui assignaient les règles qui devaient être suivies en ce qui concernait les Francs, subsistèrent tant que les vainqueurs firent une nation distincte et séparée des peuples qu'ils avaient subjugués. Mais lorsque, par le laps de temps, les deux peuples furent incorporés, et ne firent plus qu'une seule et même Nation, ces Loix, qui avaient eu pour objet de maintenir la différence entre les Francs et les Gaulois, devinrent entièrement inutiles, et cessèrent absolument d'être en usage.

(99)

§. V.

Coutumes, tant générales que particulières du Royaume.

Nous voyons, au contraire, une Loi de l'Etat qui a toujours subsisté, et qui est encore actuellement dans toute sa vigueur ; c'est celle qui a pour base la liberté qu'accordèrent les Rois Français conquérants des Gaules, aux peuples qu'ils réduisirent sous leur domination, de vivre chacun selon les Loix qui les régissaient avant la conquête. Ils crurent avec raison, par cette condescendance, cimenter leur autorité sur ces peuples. Ce moyen leur réussit effectivement pour leur concilier l'attachement de leurs nouveaux Sujets ; et telle est l'origine des coutumes, soit générales, soit locales de ce Royaume, coutumes qui ont force de Loi, comme celles mêmes directement émanées du Souverain.

Ce droit s'est perpétuellement conservé, malgré les révolutions qui ont agité le Royaume ; et nous le retrouvons dans cette immense multiplicité d'usages et de coutumes différentes les unes des autres, qui forment des variétés, peut-être trop difformes, dans la manière de régler les intérêts civils des Sujets du Roi dans une même province, dans le district d'un même territoire.

Quoique le temps, ni aucune circonstance n'ait point encore porté atteinte à cette ancienne constitution de l'Etat, qui a donné lieu à cette confusion étrange d'usages locaux qui régissent la France, il est néanmoins possible que dans la suite l'intérêt général du Royaume demande et exige même que ces différentes coutumes particulières soient abrogées, pour être toutes refondues ensemble, et ne former qu'un seul droit commun pour tous les Sujets de cette Monarchie. Il deviendrait nécessaire alors de déroger entièrement à ce droit de vivre chacun suivant sa coutume locale. Et cette loi de l'Etat, cette première concession faite par les Rois à leurs Sujets se trouverait anéantie pour le plus grand bien de la chose publique.

SECTION II.

Seconde source des Loix fondamentales de l'État ; le Droit naturel.

§. PREMIER.

Liberté des Citoyens & propriété paisible.

Les Loix constitutives de l'État dérivent encore du droit naturel. Et telle est la Loi en vertu de laquelle, dans un État libre, tout Citoyen, sans distinction de rang , est en droit d'attendre du Souverain toute la protection dont il a besoin pour le faire jouir librement et paisiblement des biens , droits et actions dont il est légitime propriétaire.

On peut bien véritablement appeller ce droit une Loi fondamentale de l'État : car , dans l'assurance de la protection souveraine, le Citoyen trouve sa parfaite sécurité ; et , par un retour bien naturel , il se trouve dans l'heureuse nécessité de chérir l'autorité du Monarque.

G iij

§. I I.

Atteinte portée à cette Loi fondamentale ; état de la France, lors de l'avènement de la troisième race de nos Rois à la Couronne.

Les Rois de la troisième race ont senti sur toute autre chose, combien il était glorieux et intéressant pour eux de régner sur des hommes libres, sur des Sujets capables du droit de propriété, qui est un des principaux apanages de la liberté ; mais ils ne trouvèrent que des esclaves : toute liberté, toute propriété avait été ravie au peuple.

En effet, à l'avènement des Rois de la troisième race à la Couronne, presque toute la Nation était esclave. Tout ce qui était peuple gémissait sous le poids d'une dure et infame servitude. Les Seigneurs seuls avaient de véritables propriétés, et ne laissaient à leurs Sujets qu'une vaine ombre de liberté. Des villages, des bourgs, des villes, enfin des provinces entières n'étaient peuplés que de serfs ; et c'était le droit commun,

que celui qui réduisait les hommes de
fiefs ou Sujets des Seigneurs, ou à la
condition de ne pouvoir acquérir pour
d'autres que pour leurs Seigneurs, ou à
être tellement attachés à la glèbe de la
terre qu'ils cultivaient, qu'ils ne pouvaient la quitter sans être poursuivis et
recherchés par-tout où ils se seraient
réfugiés, et contraints de retourner sous
la main de leurs Seigneurs ; ou bien à ne
pouvoir contracter d'engagement valable,
pas même de mariage sans le consentement de leurs Seigneurs ; ou enfin à ne
pouvoir rien laisser par testament, pas
même à leurs enfans, sans l'aveu et permission des Seigneurs de fiefs.

C'était la majeure partie de la Nation
qui languissait sous ce honteux escla-
vage, ayant à la vérité une apparence
de jouissance des biens qui leur appar-
tenaient, mais effectivement privés de
l'exercice de tout droit de propriété.
Nous avons vu quels furent les tristes
effets de ce régime, qui, en anéan-
tissant l'autorité royale, amena en France
la plus affreuse et la plus dangereuse
anarchie.

G iv

§. III.

*La liberté rendue à la Nation par l'établis-
sement du Tiers-Etat & des Communes,
& par les affranchissements.*

Ce n'était pas sur de pareils sujets
qu'il appartenait à la famille de Hugues
Capet de règner ; il convenait qu'elle eût
l'empire et le commandement sur des
Français , c'est-à-dire , sur des Citoyens
libres et capables du droit de propriété.
Aussi tous les Rois de la troisième
race se sont-ils fait une étude perpétuelle
de rendre au peuple Français cette liberté qui lui avait été ravie par les exten-
sions arbitraires du droit des fiefs. Ils
établirent des Communes dans les villes :
ils leur permirent d'avoir des Magistrats
Municipaux ; et, en réservant à leur Justice
Royale les appels des Justices particulières , ils ouvrirent à ces communautés
une protection toujours prompte et toujours assurée contre les vexations des
Seigneurs. Ils donnèrent aux Députés
des villes et communautés, rang et séance

dans l'Assemblée des États; et ils formèrent un troisième ordre de personnes
dans la Nation, qui n'avait jusqu'alors
connu que ceux du Clergé et de la
Noblesse, et firent reconnaître dans le
Tiers - État une classe respectable de
Citoyens, devenus libres par les soins
qu'ils s'étaient donnés pour les tirer de
servitude.

Plusieurs de ces Monarques, en vertu
de leur autorité souveraine, avaient déjà
procuré l'affranchissement d'une grande
partie du Royaume. Et le même systême
ayant été suivi par leurs Successeurs avec
un zèle toujours égal, l'extinction et
l'abolition de ces droits rigoureux des
fiefs, qui étaient le principe de la servitude, ont rendu au peuple Français
cette liberté, dont il a toujours continué
de jouir depuis sous la sauve-garde de
nos Rois; et il ne s'est conservé de la
Loi des fiefs, dans l'ordre public, que le
droit demeuré au Souverain de convoquer le ban et l'arrière-ban, et, dans
l'ordre particulier, que les droits ordinaires des Coutumes, qui assujettissent
les Propriétaires des fiefs servants et
censuels à la prestation de certains de-

voirs peu étendus envers **les Propriétaires** des fiefs dominants,

§. I V.

La liberté rendue à la Nation par l'ex- tinction du pouvoir excessif des Seigneurs.

Cette privation de la liberté naturelle, sous laquelle gémissait le peuple français, avait encore pour cause la puissance immodérée des Seigneurs, qui, non contents des droits onéreux des fiefs, s'étaient encore arrogé celui de commander en Souverains dans leurs seigneuries, et d'y exercer tyranniquement sur leurs hommes ou sujets, les droits les plus sacrés qu'ils avaient osé usurper sur l'autorité royale, devenue un vain titre sans pouvoir.

Il a donc été aussi nécessaire de ramener toutes choses à l'unité d'une même puissance, qui put opposer la force aux vexations odieuses que cette multitude de tyrans exerçaient sur les peuples, qu'ils se prétendaient en droit de gouverner. Et, c'est par une suite de ce principe que les Rois de la troisième race se sont appliqués à accroître la puissance royale , aux dépens de celle des Seigneurs , ou plutôt à faire rentrer dans leur main , les droits de la Souveraineté, dont les Seigneurs s'étaient emparés.

Le bonheur de la France a voulu qu'ils aient réussi dans ce grand projet. Les guerres particulières entre les Seigneurs ont été abolies, on n'a plus reconnu en France qu'un seul Souverain, toujours juste, toujours puissant pour défendre ses sujets opprimés, de quelques qualités qu'ils fussent. Enfin , la réunion à la couronne de tous ces grands fiefs, dont le démembrement avait entraîné la ruine du peuple, avec celle de la puissance royale, cette réunion si importante a été pour le royaume l'époque de sa félicité et de l'assurance parfaite de la liberté et des propriétés des citoyens.

§. V.

Résultat des trois derniers paragraphes.

Ce grand édifice de la liberté publique a été fondé, élevé et amené à sa perfection par les soins continuels et non interrompus de l'auguste famille qui règne aujourd'hui sur les Français ; et si les citoyens ont recouvré cette liberté , et ce droit de propriété qu'ils avaient anciennement tenu de la loi naturelle , c'est pour eux et pour toute la Nation un motif éternel de la plus vive reconnaissance envers les Rois qui leur ont procuré le plus grand des biens dont l'homme puisse jouir.

Ce droit de propriété une fois rendu aux particuliers, sujets du Roi , est redevenu Loi fondamentale de l'État. Les Rois, à la vérité, ont travaillé pour la gloire de leur couronne ; mais il sera toujours de l'intérêt des Monarques Français , de ne point commander à des esclaves, comme il sera toujours de l'intérêt des sujets de demeurer inséparablement unis par le lien d'une soumission respectueuse au Souverain , qui désormais ne règne que pour conserver aux Français la liberté et le droit de propriété dont ils sont parvenus, après tant de soins et de travaux , à les remettre en possession.

Section III.

*Troisième source des loix fondamentales
de l'Etat. Loix ou Coutumes établies
par le Souverain. Loi touchant la
majorité des Rois. Loix des enregistrements.*

Les Loix fondamentales de l'Etat
dérivent enfin des loix ou coutumes
que les Souverains ont cru devoir établir
d'une manière expresse ou tacite, dans
lesquelles loix ou usages résident essentiellement le bonheur et la sécurité mu-
tuelle du Monarque et de ses sujets.

La Loi, par exemple, qui fixe à qua-
torze ans la majorité de nos Rois, est
une Loi constitutive de l'État, par sa
grande importance et par les avantages
qu'en a toujours retirés la Nation. En
effet, cet établissement de nos Monarques a remédié aux grands troubles
qu'avaient anciennement occasionnés la
longue minorité de nos Rois ; et, en res-
serrant l'autorité des Régens du Royaume,
dans des bornes précises, quant à la
durée, a astreint ces administrateurs

suprêmes de n'user du pouvoir que comme d'un dépôt qui leur est confié, et dont ils doivent incessamment rendre compte.

C'est encore une Loi constitutive et fondamentale du Royaume, que cette coutume ancienne, cette formalité si heureusement établie, par laquelle les Rois de la troisième race, se sont, presque toujours, astreints à faire connaître, d'une manière légale, leur volonté à leurs sujets ; à consulter, dans la formation des Loix, les Cours souveraines qu'ils ont établies dépositaires des Loix, comme aussi de leur autorité, et à faire promulguer solemnellement ces mêmes Loix après que la vérification en a été faite dans les Cours.

Il était bien naturel qu'une formalité si avantageuse aux sujets, si utile aux Souverains, devînt Loi fondamentale de cette Monarchie ; aussi cette constitution du Gouvernement Français a-t-elle toujours fait le sujet des éloges et de l'admiration des plus grands politiques ; ils y ont vu le Monarque, toujours décidant en vertu de son autorité souveraine ; mais réglant toujours sa volonté sur les principes de la justice et de la raison. Ils y ont considéré le Souverain , expliquant toujours les motifs de sa Loi à ses Cours et à tous ses sujets , écoutant avec bonté les représentations des Magistrats chargés, par le devoir de leur serment , de lui exposer les besoins du peuple , comme aussi les dangers , les inconvénients , les injustices même qui pourraient résulter des Loix à établir.

Combien de fois le Monarque ne s'est-il pas trouvé , par cette utile institution , garanti des pièges qui pouvaient lui être tendus , soit pour rendre son Gouvernement odieux , soit même pour porter atteinte aux droits sacrés de la Couronne? Il est bien vrai , qu'après avoir consulté ses Cours, sa volonté suprême ne peut être restreinte par aucune puissance ; mais la volonté du législateur est suffisamment éclairée, pour qu'il ne puisse en émaner que des Loix utiles ou absolument nécessaires ; heureuse impuissance de nos Souverains, de ne pouvoir vouloir que ce qui est juste, ce qui est avantageux à l'Etat !

L'utilité démontrée , la nécessité de cette Loi, renferme avec elle l'heureux présage qu'elle sera éternellement en en vigueur, tant que le ciel accordera aux Français de voir, sur le Trône, des descendans de ces Rois, amis de la Nation, qui ont consacré et consolidé cette formalité ; comme il sera toujours vrai que, par la Loi fondamentale de l'Etat, le corps entier de la Nation est astreint à reconnaître les Loix émanées du Trône, et à y obéir, avec la plus grande exactitude, aussi-tôt qu'elles sont revêtues de la formalité de l'enregistrement.

SECTION IV.

Que les loix fondamentales de l'Etat sont, par leur nature, inébranlables.

Loin de nous ces systêmes de craintes et d'appréhensions qui pourraient nous représenter le Monarque des Français comme capable de porter atteinte aux Loix fondamentales de l'Etat, ou même d'entreprendre de les anéantir.

Comment, en effet, regarder comme possible ce qui n'a pas la plus légère apparence de probabilité, et ce qu'il est moralement impossible au Monarque de vouloir

vouloir tenter , sans courir le risque de détruire la monarchie elle-même.

Si le Souverain pouvait jamais ordonner l'exécution d'une Loi qui abolît la formalité des enregistrements , qui portât la couronne dans une famille étrangère, qui enlevât aux citoyens leurs propriétés, ou qui les privât de la liberté naturelle dont ils ont droit de jouir , quelles en seraient les conséquences ? les mêmes malheurs qui résultèrent de pareilles infractions aux Loix de l'Etat, dans les différentes époques , dont nous avons parlé plus haut. Les fondements de la Monarchie une fois ébranlés , tout l'édifice tendrait à une ruine prochaine. Les Loix constitutives du Royaume étant abolies , entraîneraient dans leur chûte la dissolution de l'ordre politique du Royaume ; et il en résulterait que le Souverain serait dans l'impossibilité de règner, parce que le lien de l'unité serait rompu.

Mais , à Dieu ne plaise que nous admettions jamais une pareille hypothèse ; c'est un paradoxe que d'oser penser qu'elle soit jamais possible : l'intérêt du Monarque lui dictera toujours de maintenir ces Loix dans toute leur vigueur.

H

Et c'est en ce sens qu'il est vrai de dire que le Monarque est commandé par la Loi de l'Etat, parce que cette Loi lui indique les moyens de rendre son Empire stable et permanent, et l'avertit pareillement des écueils destructeurs de la félicité et de la solidité du gouvernement monarchique ; de la même manière qu'il est vrai que l'homme est commandé par la raison, parce qu'elle lui prescrit les principes qui doivent règler sa conduite, pour être parfaitement heureux, et lui met aussi sous les yeux les inconséquences et le danger d'une manière d'agir, qui n'aurait pour base que le caprice et la fantaisie.

CHAPITRE XIII.

De l'établissement de l'impôt en France.

SECTION PREMIERE.

A quel titre il appartient au Roi seul de mettre des impositions sur ses sujets.

Nous avons vu qu'au Roi seul appartient, en France, de mettre des impôts sur les sujets de ce Royaume ; c'est un attribut de la souveraineté, ou un droit régalien, et il dérive de deux sources également respectables. L'une, le droit divin, ainsi qu'il est dit au livre premier des Rois, chapitre 48, en parlant des droits dont les Rois doivent jouir sur leurs sujets, *sed & segetes vestras & vinearum reditus addecimabit* ; l'autre le droit des gens, qui, dans tous les Etats politiques, assigne aux Souverains un domaine éminent. Ce domaine, qui n'a pour objet que le soutien et la bonne administration de la Nation, doit donner au Roi tout ce qui le peut mettre à por-

Traité de Desmaisons page 26.

Traité de la souveraineté premier volume, page 180.

tée de bien administrer et de défendre son Etat ; c'est en vertu de ce droit que le Souverain peut prendre la chose d'autrui pour l'employer à l'utilité publique, comme de faire détruire des maisons de particuliers ou autres héritages qui pourraient servir à l'ennemi, sauf à dédommager les propriétaires, suivant les règles de la justice.

Le droit de mettre des impôts étant un droit régalien, est par-là même incommunicable ; car, s'il pouvait être concédé à qui que ce soit, la souveraineté se trouverait divisée pour cette partie : donc toute concession d'un pareil droit serait essentiellement nulle. D'où il suit qu'il ne peut y avoir aucun titre de quelque nature qu'il soit, qui ait jamais pu autoriser, soit un particulier, soit un Seigneur, soit un Prince, à mettre des impôts sur les sujets du Roi; et si les anciens Seigneurs de fiefs, vassaux ou arrière-vassaux du Souverain, osèrent établir sur leurs hommes ou habitants de leurs seigneuries, des levées, contributions et impositions, ils le firent sans titre, et par usurpation de l'autorité royale.

Section II.

Atteintes portées à cette maxime, qu'au Roi seul appartient de mettre des impôts dans le royaume.

Il faut convenir que, sous les deux premières races de nos Rois, les vassaux de la Couronne s'attribuèrent le droit de mettre des impôts sur leurs hommes de fiefs. Ce désordre provint de la faiblesse des Rois, qui ne prévirent pas assez les dangers de laisser usurper leur autorité. Mais ce qui donna lieu principalement à cette invasion, ce fut l'usage même par lequel les Rois avaient eu coutume de charger les Comtes et autres Commandants dans les provinces, de faire le recouvrement des tributs appartenant au fisc, de rendre certaines sommes par avancement au trésor du fisc, et de donner cautions solvables avant d'entrer dans l'exercice de leurs charges. Ces Comtes ou autres Commandants, ayant donc commencé par avancer aux Rois les sommes dues pour les impositions ou tributs, s'accoutumèrent

Traité de la Souveraineté, premier vol. pag. 227.

peu à-peu à regarder le recouvrement qu'ils en faisaient sur les Sujets du Roi, comme leur chose propre, et comme un bien à eux appartenant.

Mais l'abus devint ensuite bien plus étrange. Les Rois ayant, par suite de temps, accordé à ces mêmes Comtes et Commandants l'hérédité des fiefs qu'ils tenaient de la Couronne, quoiqu'à la charge du service militaire, ce fut pour lors que les vassaux du Roi commencerent à se regarder comme propriétaires indépendants, et à s'emparer hardiment des droits régaliens ; & il resta si peu de domaines et de droits aux derniers Rois de la seconde race, que le moindre des usurpateurs était plus riche et plus puissant que les Souverains.

Ce fut alors que ces Seigneurs, accoutumés déjà à regarder comme leur propre domaine les deniers des tributs qu'ils étaient chargés de lever pour le Roi, se regardèrent aussi comme propriétaires du droit d'imposer ces mêmes tributs sur les Sujets du Roi, devenus leurs hommes par l'aliénation que les Rois leur avaient faite de leurs fiefs ou bénéfices à titre d'hérédité ; en sorte qu'il se forma dans

Traité de la Souveraineté, premier vol. pag. 229.

Ibid. deuxième vol. pag. 246.

Ibid. deuxième vol. pag. 446.

l'Etat nombre de souverainetés particulières, dont les Seigneurs s'attribuèrent
chacun la portion de souveraineté, qu'il
eut l'audace d'usurper sur l'autorité
royale. Les arrières - fiefs se formèrent
par les concessions que firent les Seigneurs à d'autres vassaux en second ,
même en troisième ordre , lesquels s'ar-
rogèrent pareillement ce qu'ils purent
ravir de puissance à leurs Seigneurs
suzerains , ou même à l'autorité souveraine.

Delà l'établissement que ces différents
Seigneurs de fiefs se mirent en droit de
faire sur leurs hommes de fiefs de certaines taxes ou contributions , sous le
nom d'aides , tailles , corvées , ou autres
levées de deniers dans diverses occasions , qu'ils décidèrent à leur gré , et
qu'ils perçurent avec la plus grande rigueur. Nous avons vu que ces infractions
à la Loi de l'Etat , mirent le Royaume
en danger d'une subversion totale.

Section III.

L'abus de mettre par les Seigneurs, des impositions sur leurs hommes, érigé en droit commun des fiefs.

Dans un si grand désordre et ce bouleversement total des principes, ces exactions ou levées de deniers ainsi établies par les Seigneurs sur leurs Sujets, passèrent pour droits féodaux et profits de fiefs ; jusques-là que quelques coutumes ont retenu des dispositions précises touchant les cas où les Seigneurs de fief sont en droit d'exiger le payement de ces impositions.

Les Commentateurs, pour justifier et ces impositions seigneuriales, et les coutumes qui les autorisent, ont voulu prétendre que, quoiqu'en principe, *vectigal sit solius principis*, cependant on peut dire que le droit d'asseoir ces impositions dérive de la première institution des fiefs, en ce que les fiefs ayant été concédés dans l'origine comme bénéfices, et pour fournir à ceux à qui ils étaient concédés, les moyens de rendre

Taisand, Coutume de Bourgogne, art. 4, note première.

à leur Seigneur suzerain le service de guerre et autres qu'ils lui devaient, il était juste, en cas d'évènement extraordinaire, de faire plutôt contribuer les arrières vassaux et hommes des fiefs servants, aux payements de certaines impositions, que de mettre ces Seigneurs dans le cas de vendre et aliéner leurs fiefs.

Faible et vain raisonnement pour soutenir un paradoxe : comme s'il était possible que le Roi divisât jamais son pouvoir souverain, pour en concéder une portion quelconque à un tiers. Mais, comme l'idée de plusieurs Souverains répugne avec l'idée d'une Monarchie, il faut soutenir qu'il n'est point vrai que le Souverain ait pu, en aucuns cas, concéder à ses vassaux ou sujets aucun des droits régaliens, ni à titre de grace, ni à titre de justice, pour les mettre à portée de lui rendre le service qu'ils lui devaient à cause de leurs fiefs.

Section IV.

*Le droit régalien d'établir des impôts,
ramené à ses principes par les Rois de
la troisième race.*

Les Rois de la troisième race ayant
pris à cœur de régner en Souverains,
et de relever les droits de leur Couronne,
en retirant la puissance royale de l'opprobre et de l'avilissement où elle était
tombée, les principes se rétablirent,
l'abus cessa, et il ne fut plus libre, comme
par le passé, d'usurper le droit de mettre
des impôts sur les Sujets.

Nous voyons même que, depuis cette
époque, toutes les fois que les Seigneurs
de fiefs voulurent entreprendre de faire
usage de ce droit régalien, nos Rois
reçurent les plaintes de leurs Sujets,
quoiqu'hommes de fiefs de ces Seigneurs,
et en firent justice, quelque puissants
que fussent ces Seigneurs. Un des exemples les plus mémorables de cette justice
rendue par le Roi à ses Sujets, est celui
de la confiscation faite par Charles le
Sage sur le Roi d'Angleterre, Duc

de Guyenne, et en cette qualité vassal de la Couronne, de son Duché de Guyenne, et de tout ce qu'il possédait en France, prononcée par arrêt de la Cour des Pairs, pour n'avoir point voulu répondre à ladite Cour sur les plaintes contre lui formées par les Seigneurs de Guyenne et vassaux, pour raison d'impositions que le Duc voulait mettre sur eux.

SECTION V.

Quel fut le système employé par les Rois de la troisième race, pour ramener les principes touchant l'établissement de l'impôt.

Cette entreprise des Seigneurs sur les droits de la souveraineté, était à la vérité un abus intolérable, et du genre de ceux que nul titre, nul consentement, nulle autorité ne peut valider. Mais cet abus avait jetté de si profondes racines, qu'on ne put l'extirper que par parties. Il ne fut pas possible de supprimer grand nombre de ces impositions établies par usurpation de la souveraineté, parce qu'elles étaient devenues comme des

République de Bodin, Liv. 1, pag. 178.

droits inhérents à la propriété des fiefs.

Il paraît même que nos Rois s'appliquèrent davantage à rétablir les principes concernant les droits de leur souveraineté, et à les faire rentrer sous leurs mains en entier, que d'abolir certaines impositions locales, originairement établies par les Seigneurs de fiefs, par usurpation des droits régaliens. Leur politique eut le succès qu'ils pouvaient en attendre. A la vérité, plusieurs aides, tailles et autres impositions irrégulières dans leur origine, demeurèrent attachées aux fiefs, et devinrent des profits ou revenus de ces fiefs ; mais ces mêmes levées de deniers par les Seigneurs sur leurs hommes de fiefs, autorisées par les Coutumes, et tolérées par les Rois, cessèrent dès-lors d'être regardées comme des impositions, et furent seulement considérées comme étant un même genre de revenu avec les autres profits féodaux.

Le systême du Gouvernement Français fut donc de séparer ce qui ne concernait que la possession de ces impositions, d'avec le droit même de les établir ; et, par ce moyen, les levées de deniers établies, subsistèrent au profit de ceux qui représentaient les anciens Seigneurs des fiefs ; mais le Souverain recouvra la pleine propriété de son droit; et il a toujours été établi pour principe incontestable , qu'il n'est permis à qui que ce soit de lever aucune imposition sur les Sujets du Roi , sans son exprès commandement.

SECTION VI.

Diverses Ordonnances du Royaume tou-chant le droit appartenant au Roi seul de mettre des impositions sur ses Sujets.

Ordonnance de Blois , mars 1498 , art. 139. » Pour ce que souvent avient » que les Comtes, Barons, Chevaliers , » Gentilshommes et autres ayant terres , » hommes et sujets dans notre Royaume, » se travaillent journellement de lever » sur leursdits hommes plusieurs sommes » de deniers , quantité de pains...... » corvées, charrois, etc. : voulant à ce » pourvoir , et garder nos Sujets de » toute oppression , faisons inhibitions » et défenses à toute manière de gens......

Ordonnan-ce de Blois 1498 , art. 139, Louis XII.

» de quelque qualité qu'ils soient, qu'ils
» ne prennent, exigent, ou permettent
» prendre et exiger en leurs terres, et
» sur leurs hommes...... aucunes exac-
» tions indues, par forme de dons,
» tailles, aides, corvées ni autrement,
» sinon ès cas, esquels ils leur sont tenus
» et redevables. »

Ordonnance de Blois 1507, art. 255.

L'art. 255 de l'Ordonnance de Blois de 1507 est conçu dans les mêmes termes, et contient les mêmes défenses.

Ordonnance de Blois 1560, art. 130.

Charles IX, aux Etats de Blois en 1560, ordonne » qu'il sera informé, à » la requête de ceux qui le requerront, » contre toutes personnes qui, sans com» mission valable, ont fait lever des » deniers sur les Sujets du Roi..... et » sans avoir baillé quittance, et d'iceux » rendu compte : c'est l'art. de l'Ordon» nance de 1560. »

Ordonnance ou Edit de 1563.

Le même Prince, par Edit de 1563, « défend à tous ses sujets de poursuivre ni consentir aucune taxe, cotisation, levée de cueillette, sans l'expresse permission de Sa Majesté, scellée du grand sceau, sous les peines contenues ès Edits ».

Déclaration donnée au Pleffisles-Tours, 29 décembre 1563.

Autre Déclaration du même Roi, au

Plessis-les-Tours le 29 décembre 1563 , « défend à toute sorte de personnes , États de Pays , Colléges , Communautés , sous peine de confiscation de corps et de biens , de faire ou ordonner être faites assiette , cotisation , cueillette , ni levée de deniers sur les sujets de Sa Majesté , sans exprès commandement du Roi, par Lettres - Patentes , scellées du grand sceau. Défenses à tous & chacun des sujets de payer ni recevoir lesdites sommes ». Cette Loi porte les mêmes peines de confiscation de corps et de biens contre ceux qui auront sçu lesdites cotisations , et ne les auront revelées.

Dans l'Ordonnance rendue par Charles IX. aux États de Moulins en 1566, ce Prince parle en Roi qui connaît les droits de la souveraineté ; « et parce qu'à nous seul appartient lever deniers en notre Royaume , et que faire autrement serait entreprendre sur notre autorité et Majesté, défendons à tous nos Gouverneurs , Généraux de nos Finances et autres nos officiers, de lever aucuns deniers dans nos Pays, Terres et Seigneuries et sur les sujets d'icelles, ni per-

Ordonnance de Moulins, 1566, art. 23.

mettre qu'aucuns en lèvent sous le nom de particuliers ou de communautés, sinon qu'ils aient nos Lettres - Patentes précises et expresses, pour cet effet, à peine de confiscation de corps et de biens. Enjoignons à nos procureurs de faire poursuite contre les contrevenans et tous autres, et de ce que fait en auront, nous avertir, sur peine de privation de leurs états ».

Déclaration du 25 août 1570.

Le même Prince, par sa Déclaration du 25 août 1570, renouvelle les mêmes « défenses de faire aucune levée de deniers, sans exprès commandement du Roi, et par vertu de Lettres-Patentes, scellées du grand sceau ; ordonne à tous ses Officiers d'empêcher de pareilles levées ; et au cas qu'ils ne puissent les empêcher, leur enjoint d'en avertir Sa Majesté, pour, lesdites informations envoyées au Roi, être pourvu contre les contrevenants, sous les peines portées auxdites Ordonnances ».

Mêmes défenses portées par l'Edit de Henry III, en septembre 1575. « aux Généraux des Finances et élus sur le fait des Aides et Tailles, de permettre

qu'il

qu'il soit levé aucuns deniers sans Lettres de Permission du Roi, dont il sera fait Rôle, défenses aux Greffiers des Tailles d'assister au département de pareilles impositions, à peine de nullité de tout lesdits départements et impositions, et de s'en prendre à eux, et en répondre eu leurs propres et privés noms ».

Edit de septembre 1575.

Edit du même Roi Henri III, juillet 1578, qui ordonne « qu'aucune levée ni assiette de deniers ne pourront être faites sur ses sujets, sans congé et permission du Roi, par Lettres-Patentes adressantes aux Élus, chacun en leur ressort ».

Edits du Juillet 1758

L'Ordonnance du même Prince, publiée aux Etats de Blois en 1579, renouvelle les mêmes défenses portées par l'Ordonnance rendue aux Etats de Moulins, « de faire aucune levée sans Lettres précises et expresses de Sa Majesté, à cet effet, qui soient enregistrées aux sièges principaux où la levée se fera ». Même peine prononcée contre les contrevenants; mêmes injonctions aux Procureurs de Sa Majesté, de veiller à ce qu'aucune levée

Ordon. de Blois 1579 art. 275.

en soit faite au contraire, à peine de
privation de leurs Offices ».

Ordon-
nance de
Blois 1579,
art. 280.

Art. 280 de la même Ordonnance,
« défend à tous Seigneurs et autres, de
quelques qualités qu'ils soient, de prendre ou permettre qu'il soit exigé de leurs
hommes ou autres, aucunes exactions
indues, par forme de Tailles, Aides,
Crues ou autrement, sinon ès cas esquels
lesdits sujets s'étant tenus et redevables,
sur peine d'être punis suivant la rigueur
de Loix, sans que les peines portées par
icelles puissent être modérées par les
Juges.

Déclara-
tion du 13
avril 1590.

Henri IV, par sa Déclaration donnée
au Camp de Nangis, le 13 avril 1590,
ordonne que « si aucuns Gouverneurs,
Capitaines.... sont si téméraires que de
faire à l'avenir aucunes levées par autres
Ordonnances que par Ordonnances
royaux, signées du Roi, contresignées
par l'un des Secrétaires d'Etat, il ne soit
point obéi auxdites Ordonnances et
Commissions, et que tels Ordonnateurs
soient punis et châtiés, comme concus-
sionnaires et infracteurs des Ordonnan-
cés, sans qu'ils puissent espérer de pardon
de leur faute ».

(131)

Louis XIII , dans son Edit de janvier 1609, s'exprime ainsi : « ayant reçu plu-sieurs plaintes , qu'outre les grandes charges que notre pauvre peuple sup-porte , à notre grand regret , pour le soutien de l'Etat , il est encore sur-chargé , en ce qu'aucuns , sous prétexte de leur charge et de la puissance qu'ils ont dans les Provinces , font plusieurs levées de deniers , de leur autorité pri-vée. . . . . . en attentant sur notre auto-rité ; défendons à tous Gouverneurs , Baillis , Trésoriers de France , Généraux de Finance , Elus , etc. et autres nos Officiers, de lever, ni souffrir être levés... aucuns deniers ou contributions sur nos sujets. . . . en vertu de quelques Ordon-nances que ce puisse être, si ce n'est en vertu de nos Lettres-Patentes, expédiées sous notre grand sceau , enregistrées au Contrôle général de nos Finances et ès Greffes des Bureaux des Trésoriers de France , et ès Greffes principaux des lieux où la levée se fera , à peine de confiscation de corps et de biens , etc. »

SECTION VII.

Qu'il ne peut pas être levé sur les sujets du Roi , de contribution par qui que ce soit , même à titre d'offrande volontaire.

Cet axiome qu'aucun particulier dans le Royaume , ne peut exiger aucune levée de deniers , comprend la défense non-seulement de lever aucune imposition pécuniaire ou personnelle sur les sujets du Roi , mais encore de percevoir d'eux aucuns deniers ou redevances, par forme de dons , de présents ou autrement , sinon de l'exprès commandement du Roi.

Edit de Juillet 1560.

C'est ce que décide formellement l'Edit rendu par François II , en juillet 1560 , en ces termes : « défendons à tous Gouverneurs...... Présidents de nos Cours..... et généralement à toute sortes de personnes..... de prendre et recevoir dons et présents , or ou argent, ou autres espèces quelconques , de nos sujets , par forme de donation , récompense , salaires , taxations de voyages.... ou autre prétexte quelconque , sur peine

du quadruple envers le peuple sur qui
ces deniers auront été levés , et d'autre
quadruple envers Nous , et outre contre
nos Magistrats et Officiers , sur les peines
qui sont de droit établies au crime de
concussion. . . . . . auxquelles peines ils
seront sujets , encore que notredit peuple eût voulu consentir tel don ou octroi,
et que les preneurs eussent obtenu
Lettres de Nous , avant ou après , afin
d'être dispensés de notre Ordonnance ,
lesquelles Lettres nous déclarons nulles
et de nul effet , et sans avoir égard à
icelles ; enjoignons à nos Procureurs de
poursuivre ceux qui auront ainsi mal pris,
et leurs héritiers. . . . . . ». A l'égard des
Procureurs et Syndics des Communautés,
« la Loi permet de leur faire taxe rai-
sonnable , pour leurs frais et vacations
seulement. . . . . . lesquels deniers toute-
fois , ni autres quelconques , ils n'impo-
seront ni leveront sur notredit peuple ,
sans congé de Nous et Lettres-Patentes
de notre grand sceau , etc. ».

Section VIII.

Corollaire des trois dernières Sections.

De ce que nous venons d'établir, il résulte : 1°. que nos Rois et la Nation ont toujours reconnu le principe de l'indivisibilité du droit de mettre des impôts inhérent à la souveraineté ; 2°. que ce droit réside dans la seule personne du Roi, et qu'il est inaliénable et incommunicable, et que toute concession de ce droit serait nulle, comme contraire à l'unité du pouvoir souverain ; 3°. qu'il n'est permis à qui que ce soit, de lever en France aucune imposition, sous quelque forme que ce soit, sans l'exprès commandement du Roi, par Lettres-Patentes enregistrées ; 4°. que toute dispense que pourrait obtenir un particulier pour faire des levées de deniers sur les sujets du Roi, sans l'exprès commandement de Sa Majesté, serait radicalement nulle et attentatoire à l'autorité souveraine ; 5°. enfin, que toutes possessions, tous titres ou usages qui ont paru autoriser les particuliers à mettre des impositions

sur leurs vassaux et hommes de fiefs, ont
été autant d'abus et d'entreprises sur la
puissance royale.

SECTION IX.

De l'enregistrement des Loix concernant les Impôts.

La volonté du Souverain doit être
connue légalement à ses peuples. Cette
volonté, en effet, ne saurait être arbitraire en France. Comme elle est fondée
sur l'intérêt de l'Etat, il faut que les
citoyens qui forment le corps de l'Etat,
dont le Roi est le chef, connaissent
authentiquement cette volonté, afin qu'entr'eux et le Souverain, il n'y ait qu'une
seule et même volonté. Par la formation
du corps de la Nation Française en Etat
Monarchique, chacun des citoyens a
remis sa volonté et concentré ses facultés
morales dans la personne du Souverain,
qui, comme chef, veut et prononce au
nom de la Nation, à la différence d'un
Etat despotique, dans lequel le Souverain seul est l'Etat, et les sujets ne sont
que des esclaves, incapables par consé-

quent de ratifier , par leur consentement, la volonté de leur Maître. Dans une Monarchie , au contraire , tous veulent , et un seul commande ; mais les citoyens ne peuvent vouloir et ratifier , par leur obéissance , la volonté du Souverain , si elle ne leur est connue dans une forme légale , publique et authentique,

Cette forme est celle de l'enregistrement de la Loi , ou , plutôt , la Loi consiste en France avec ses deux parties intégrales et essentielles ; savoir , la volonté du Roi , énoncée en des Lettres-Patentes , scellées du grand sceau , et signées de son seing , et la vérification et publication de ces Lettres par les Cours souveraines.

Lors donc que pour l'intérêt et le soutien de l'Etat , le Roi juge nécessaire de mettre un impôt sur ses sujets, la raison de cette nécessité doit être manifestée aux peuples qui doivent contribuer, et la volonté du Monarque avec ses motifs de détermination étant authentiquement déclarée aux membres de l'Etat , par la promulgation de la Loi après l'enregistrement qui en a été fait dans les Cours, es membres de l'Etat paient, en connais

sance de cause , et contribuent volontairement , en ce qui dépend d'eux , aux
dépenses occasionnées par les besoins de
l'Etat.

Mais cette volonté du Souverain, qui
comprend victuellement la volonté du
corps entier de l'Etat , ne saurait être
versatile ou injuste,

Elle peut bien changer, si les besoins
de l'Etat augmentent ; mais elle doit ,
dans ce cas , être connue par la même
voie légale et authentique , et ne peut
être changée par un acte privé du
Souverain ; c'est pourquoi un Arrêt du
Conseil, non revêtu de Lettres-Patentes
enregistrées , ne peut changer la Loi de
l'impôt dans ses parties essentielles , ni
par conséquent augmenter la quotité de
l'impôt. Ce serait une atteinte aux droits
des membres de l Etat , qui ont connu
la volonté du chef de l'Etat , comme
ayant établi l'impôt jusqu'à telle concur-
rence seulement , et qui , par leur
soumission à la Loi promulguée , ont
consenti de payer jusqu'à la quotité à eux
connue.

Cette volonté du Souverain enfin ne
peut être injuste, c'est-à-dire, absolument

disproportionnée aux facultés des membres de l'Etat qui doivent contribuer; ce serait une infraction à la Loi naturelle, que de vouloir contraindre les citoyens à payer au-delà de ce que peuvent comporter leurs propriétés; et le vœu et consentement des membres de l'Etat ne pourrait pas même se supposer dans une pareille circonstance, parce qu'on ne peut présumer qu'ils veuillent ni qu'ils puissent se dépouiller de la propriété de leurs biens, qui assurent leur existence personnelle, ainsi que leur substance physique.

CHAPITRE XIV.

Des Assemblées des Etats-Généraux du Royaume.

SECTION PRÉLIMINAIRE.

NOUS avons vu que, puisque la Nation Française a investi la personne sacrée de nos Monarques, de la plénitude du pouvoir souverain, ce même pouvoir ne peut être rétracté ni modifié par aucune puissance quelconque ; ainsi, quoique nos Souverains assemblent, de temps à autre, les Etats-Généraux du Royauem, ils demeurent seuls revêtus de l'autorité souveraine, sans qu'il soit même possible qu'elle soit partagée entre lui et la Nation qu'il assemble.

Il est donc essentiel d'exposer ici en détail, ce dont nous avons touché un mot en commençant cette discussion, de l'opinion ou préjugé qui pourrait induire à penser qu'il a existé dans l'Assemblée des Etats-Généraux du Royaume, une puissance intermédiaire entre le Roi et la Nation, puissance capable de contre-balancer et de contredire l'autorité souveraine du Monarque.

Le simple exposé des faits fera voir quelle était la nature de ces Assemblées ; quelle autorité en réglait la police et les délibérations, enfin quelle puissance donnait force de Loi à ce qui avait formé le vœu de la Nation.

SECTION PREMIERE.

Quelle était la nature des ces Assemblées et quelle autotité y commandait.

L'autorité du Souverain , la puissance seule du Monarque commandait à cette Assemblée et en réglait toutes les démarches. Comme un père de famille assemble près de lui les chefs de la famille dont il est la tige , pour leur faire connaître l'état des affaires de sa maison , pour leur demander leurs avis sur ce qui peut être avantageux à la famille , et régler avec eux , les intérêts de tous ses enfans, de même les Rois de la troisième race se sont plu à convoquer les principaux membres ou députés de la Nation, dont ils se sont toujours regardés comme les pères, à les consulter , et à ordonner , conformément à leur vœu , ce qui leur paroissait utile au bien commun de l'Etat ; delà tant d'Ordonnances si sages et si importantes , qui ont été rendues par nos Rois dans les Assemblées d'Etats-Généraux.

La nature des ces Assemblées ne fut

jamais d'opposer à l'autorité Royale une autorité qui pût la contraindre et la gêner, mais d'aider le Souverain de leurs lumières dans l'examen des moyens de procurer le bonheur de la Nation. *Je vous commande*, disait Philippe-le-Bel aux Etats-Généraux assemblés à Paris en 1303, *je vous commande, comme votre maître, et je vous prie, comme votre ami*, de me conseiller dans l'affaire que je vais vous exposer.

Le Souverain a toujours joui seul du droit de convoquer ces Assemblées ; lui seul a toujours jugé de la nécessité de cette convocation. Le Roi seul, en un mot, ordonnait souverainement, et de l'ouverture, et de la clôture des Etats-Généraux.

Les objets de délibération ne dépendaient pas non plus des membres des Etats. Les ordres du Souverain ou son aveu, déterminaient ces objets d'une manière fixe et invariable. Les différens ordres délibéraient, et ce qui était passé à la pluralité, était redigé en Cahiers, que les Députés des Etats, prosternés aux pieds du Monarque, lui présentaient,

en le suppliant très-humblement de vouloir bien les aggréger.

Le Monarque pesait dans sa sagesse,
le mérite des règlemens qui lui étaient
présentés, jugeait de leur utilité et de
leurs inconvéniens, et donnait aux Députés sa réponse, par laquelle il agréait
tels ou tels articles de leurs Cahiers, et
rejettait les autres ; ou bien le Souverain
remettait à faire droit, après la clôture
des Etats, sur ces demandes des Etats,
par des Ordonnances émanées de son
propre mouvement.

Comment donc pourrait-on présumer que cette Assemblée de la Nation,
qui paraît suppliante vis-à-vis du Souverain, qui le sollicite avec soumission de
daigner recevoir favorablement les cahiers
de remontrances et doléances qu'elle lui
adresse, qui enfin, reconnaît que son
sort est entre les mains du Monarque,
dont elle attend respectueusement la
réponse sur les articles qu'elle a eu l'honneur de lui présenter ; comment peut-
on dire qu'une pareille Assemblée ait
été revêtue du pouvoir capable de faire
équilibre avec celui du Souverain.

SECTION II.

Objets des Convocations de l'Assemblée des Etats-Généraux.

Entre divers objets qui ont engagé nos Rois à convoquer les Etats-Généraux du Royaume, l'un des principaux a été la nécessité de remédier à des besoins pressants de l'Etat , auquel il fallait porter secours par des subsides ou impositions.

PARAGRAPHE PREMIER.

Nos Rois ont-ils toujours cru nécessaire d'assembler les Etats-Généraax , pour établir des impositions sur leurs sujets ?

Si les Rois de France ont quelquefois convoqué ces Assemblées , ce n'est pas qu'ils n'eussent une puissance suffisante pour établir, de leur propre autorité, les subsides que les circonstances rendaient nécessaires. Plusieurs impositions subsistaient en France , avant même la

*

première convocation des Etats-Généraux de 1303.

En effet , c'était bien la moindre chose , sous la fin du régime féodal , que le Roi , comme Seigneur de tous les fiefs du Royaume, eût , en sa qualité de Suzerain Suprême , le droit de faire contribuer ses vassaux ou sujets dans les occasions de nécessité urgente de l'Etat , puisqu'alors même il était encore toléré que les Seigneurs missent des impositions sur leurs hommes de fiefs , lorsque ces Seigneurs se trouvaient exposés à des dépenses onéreuses et extraordinaires.

Mais, de plus, et abstraction faite de ce droit de seigneurie suzeraine , le Roi , comme chargé de défendre et de protéger les sujets de son Etat , et d'examiner , dans sa sagesse , quels sont les moyens les plus utiles et les plus assurés pour préserver ses peuples des dangers dont ils peuvent être menacés , est autorisé , en vertu du droit de Domaine éminent , à lever les contributions nécessaires pour cet effet , et aussi en vertu de cette loi fondamentale de toute société politique, qui exige que tous et chacun des membres de cette société contribuent.

contribuent de leurs facultés au maintien de la sûreté et tranquillité publique.

Aussi , dans tous les temps nos Souvreains ont - ils fait usage de ce droit , sans se prescrire pour loi irréfragable de convoquer les Etats-Généraux , toutes les fois qu'ils ont cru nécessaire d'établir des impôts sur leurs peuples ; on en voit un exemple frappant dans l'impôt de la Taille , établi en France de toute ancienneté , qui est devenu un impôt fixe et perpétuel sous Charles VII , sans que ni son origine , ni ses progrès , ni sa perpétuité aient jamais été consentis par les Etats - Généràux du Royaume. Les droits de resve , haut passage , de traite foraine , et une multitude d'autres impositions ont été aussi établies par nos Rois, sans avoir pris l'avis des ordres de l'Etat.

K

§. II.

Du consentement des Etats-Généraux à l'établissement des impositions ; ce consentement emportait-il avec soi le droit de refuser ?

Il est vrai que plusieurs autres subsides établis dans le Royaume, ont été le fruit de la bonne volonté avec laquelle les Etats - Générax assemblés, se sont portés à se conformer au désir du Souverain, touchant la nécessité de subvenir aux besoins de l'Etat. Il faut rendre ce témoignage au zèle des Français, que les Assemblées de la Nation ont consenti volontairement les impositions que le Monarque leur faisait envisager comme indispensables.

Mais, peut-on en inférer que les Etats-Généraux, ayent eu le droit de refuser au Souverain ces secours extraordinaires ? non : c'eût été priver le Prince des moyens d'administrer le Royaume et de défendre les sujets des invasions étrangères; et une pareille faculté eût tendu directement à la destruction de l'Empire français.

(147)

Aussi n'était-ce pas le droit de la Nation. Elle était assemblée pour délibérer sur les besoins du Royaume, sur la manière d'y remédier, sur la meilleure forme de percevoir les impositions proposées par le Souverain. Le Monarque la consultait, et se réservait toujours le droit de décider souverainement du mérite de ses déliberations. Quelquefois aussi le Souverain, convaincu de la solidité des motifs exposés par les Etats, consentait lui-même à ce que l'imposition par lui proposée n'eût pas lieu.

§. I I I.

Du refus des Etats-Généraux, en 1356, de consentir à l'impôt ; illégitimité de ce refus.

Il faut convenir qu'il est bien douloureux de voir consigné dans notre histoire, un refus formel de la part des Etats Généraux, de fournir les secours nécessaires pour réparer les malheurs du Royaume, après cette fameuse bataille où le Roi Jean fut emmené prisonnier

K ij

en Angleterre avec une partie de la noblesse française.

Mais, ne cherchons point, dans un évènement aussi extraordinaire, la preuve du prétendu droit de la Nation, de ne point consentir à ce que le Souverain lui propose pour le soulagement de l'Etat. Regardons au contraire ces temps de factions et de troubles comme une de ces tristes époques, qu'il serait à désirer de pouvoir effacer des annales de la Monarchie.

Ne considérons donc point les députés de cette Assemblée d'Etats-Généraux de 1356, comme formant le vœu de la Nation, puisqu'il est notoire que les principaux de ces députés étaient vendus et livrés aux ennemis de l'Etat, et n'agissaient que de concert avec Philippe, Roi de Navarre, et Edouard, Roi d'Angleterre, tous deux animés du désir de s'emparer de la Couronne de France.

Ne considérons point non plus cette multitude de requêtes insolentes présentées à Charles V, alors Dauphin et Lieutenant Général du Royaume, comme un droit de la Nation, de mépriser l'autorité du Souverain. Regardons au contraire, tous ces fléaux dont l'intérieur du Royaume fut alors affligé, comme l'effet d'une impulsion étrangère, qui ne devait durer que jusqu'à ce que l'autorité légitime du Souverain, en reprenant la splendeur qui lui appartenait, eût par son éclat dissipé ces nuages.

Aussi la sagesse et la prudence constante et courageuse de Charles V, chargé du gouvernement du Royaume, en qualité de Régent, firent-elles bientôt éclipser ce moment d'anarchie. La fermeté avec laquelle il transféra à Compiegne les États-Généraux, indiqués en la ville de Paris pour l'année 1358, délivra l'assemblée de la Nation, de la servitude à laquelle elle avait été précédemment réduite dans cette Capitale par les émissaires des ennemis de l'État. Et les États-Généraux assemblés à Compiegne, se firent un devoir d'acquiescer avec zèle aux propositions du Prince, et se cotisèrent pour fournir de l'argent et des troupes; le Régent eut encore la consolation, même pendant ce temps de division, de voir la plûpart des villes du Royaume demeurer dans la plus parfaite obéissance à l'autorité légitime , et plusieurs provinces faire, d'elles-mêmes, les plus généreux efforts pour subvenir aux besoins de l'Etat.

Ces témoignages publics de respect et d'amour pour l'autorité du Monarque , et plus encore les regrets que firent paraître les villes de ce Royaume, obligées, en vertu des traités, de passer sous la domination anglaise, sont bien une preuve convaincante que les véritables sentiments de la Nation n'étaient point ceux que l'on avait osé mettre en avant en l'Assemblée de 1536.

Cherchons plutôt ces sentiments de la Nation dans ces époques heureuses et multipliées, où le Prince et la Nation animés d'un même esprit, guidés par les mêmes vues du bien public, ont procuré à l'Etat, par les ordonnances les plus sages , l'assurance d'une parfaite tranquillité.

Nous y verrons le respect et la soumission des États envers la Majesté Royale ; nous y verrons la Nation convaincue qu'il n'appartient qu'au Souverain seul de commander , et que c'est à sa seule puissance qu'il faut s'adresser pour

donner force de loi aux réglements proposés au Roi par l'Assemblée de ses sujets ; qu'enfin il n'est pas au pouvoir de
la Nation de refuser les secours dont
lEtat a besoin ; mais qu'étant appellée
pour conseiller le Souverain sur les
moyens de pourvoir à la nécessité publique, elle doit travailler avec zèle pour
seconder les vues du Monarque, et ne
rien négliger de ce que la droiture et
l'équité et l'intérêt commun peuvent sug-
gérer d'avantageux à l'État.

SECTION III.

*Nécessité de la sanction souveraine, pour
valider la perception de l'impôt, quoique
consenti par la Nation.*

§. PREMIER.

*De l'établissement de l'impôt consenti par
la Nation.*

L'octroi fait de certaines impositions
aux Souverains par les Etats-Généraux
du Royaume, n'a jamais été autre chose
en soi, que la déclaration que faisait la

Nation qu'elle croyait utile d'établir l'impôt proposé, et qu'elle pensait que cet impôt pouvait être perçu sans causer une surcharge trop considérable aux sujets du Roi, qui offraient avec plaisir de payer chacun selon son pouvoir.

Mais, de ce que les Etats-Généraux avaient avoué et accordé la possibilité ou l'utilité de l'imposition, et répondu du consentement de la Nation à y contribuer, l'imposition n'était pas pour cela établie. L'autorité du Monarque a toujours été nécessaire pour revêtir du caractère de loi, cette imposition convenue et consentie par la Nation ; et la volonté légale du Souverain, seule revêtue du pouvoir coercitif, a toujours été indispensable, pour donner force de loi à l'établissement de l'impôt, tant pour qu'il fût permis de lever cet impôt, que pour contraindre les refusants au payement.

(153)

§ II.

*De la perception de l'impôt ; établissement
de Commissaires par les Etats-Généraux,
pour veiller à la perception.*

Le soulagement du peuple dans la
perception des impositions, avait donné
l'idée aux Etats - Généraux de choisir,
parmi eux, des personnes intègres, pour
veiller à ce que ces recouvrements se
fissent avec équité.

Mais ces Commissaires, nommés sous
le bon plaisir du Roi par les Etats-Généraux, ne tinrent aucun pouvoir, ou
du moins aucune puissance ni autorité
des Etats - Généraux, et n'exercèrent
jamais de fonctions qu'en vertu de lettres-
patentes du Monarque, qui leur attribuèrent toute jurisdiction sur le fait des
impositions.

Cette jurisdiction même était momen-
tanée par sa nature, et devait finir avec
la cessation de l'impôt ; mais, par la suite,
elle devint ordinaire et perpétuelle, parce
que les besoins de l'État s'étant multi-
pliés à l'infini, rendaient nécessairement

L

perpétuels une grande quantité d'impôts qui n'avaient été octroyés que pour un tems. Ces commissaires des Etats-Généraux, anciennement et originairement révocables après la cessation de l'impôt, sont cette Cour souveraine, connue d'abord en 1551, sous le titre de Généraux sur le fait de la justice des Aides et Finances, et actuellement sous celui de Cour des Aides.

FIN.

www.ingramcontent.com/pod-product-compliance
Ingram Content Group UK Ltd.
Pitfield, Milton Keynes, MK11 3LW, UK
UKHW021630170726
13836UKWH00005B/2144